첫 아이 학교 보내기

머리말
학부모가 지녀야 할 마음가짐

　처음 아이를 학교에 보내는 부모님들은 여기저기 물어서 준비를 하지만 예기치 못했던 일이란 어디서든 생깁니다. 그럴 때는 어쩔 수 없이 당황하게 됩니다.
　부모님들이 좀 편안한 마음으로 1학년을 보내시도록 도움을 드리려고 이 글을 썼는데, 궁금해하시는 것을 다 풀어 드리지는 못했습니다. 제 능력이 미치지 못한 탓도 있고 지역이나 학교마다 사람마다 사정이 다른 탓도 있겠지요.
　이렇게 곳에 따라, 사람에 따라 사정이 다른 일은 가장 뼈대가 되는 것을 찾아 거기에서 해답을 얻는 편이 현명하지 않을까 생각합니다.
　아이를 학교에 보내는 부모가 가져야 할 가장 중요한 마음가짐을 두 가지만 얘기하면 하나는 공부에 관한 것입니다. 아이가 공부에 재미를 느끼도록 해야 합니다. 모르는 것을 깨달아 아는 것만큼 큰 기쁨이 또 어디 있겠어요. 이런 재미있는 공부를 지긋지긋한 공부로 만들지 말아야 합니다. 그러려면 공부를 점수와 연결시키지 말아야 합니다. 중고등 학교에 가면 어쩔 수 없이 점수를 매기고 등수까지 가르지만 적어도 초등 학교에서는 더욱이 1학년에서는 절대로 그러지 말아야 아이가 공부에 대해 겁을 내지 않습니다.
　"받아 쓰기 열 문제 다 맞아 오면 뭐 사 준다." 하면 벌써 아이는 공부를 재미있다고 생각하지 않습니다. 글자도 다 못 깨친 아이에게 구구단을 외우게 해서는 아이가 공부에 영 재미를 못 붙입니다. 나이가 어릴수록 외우는 것은 소용없고, 사물을 눈으로 보고 손으로 만져서 몸으로 느끼도록 해야 합니다. 아이가 잘 했을 때는 기쁨을 맛보게 해야 하고, 못 했을 때는 화를 내거나 나무라지 말고 다음에 또 기회가 있다고 알려 주는 여유를 가져야 합니다.

또 부모님들은 자식이 커서 의사나 판검사, 유명한 음악가, 대학 교수가 되면 좋겠다고는 생각하지만 아이가 어떤 사람으로 살아갔으면 좋을지는 중요하게 생각하지 않으시는 것 같더군요. 의사가 되고 음악가가 되면 끝나는 게 아니라 의사로서 어떻게 살아가야 하는지는 의사가 되느냐 마느냐보다 더 중요한 문제입니다.

무엇이 되든 정직하고 열심히 노력하고 나와 내 식구를 사랑하는 만큼 남도 생각하며 사는 사람, 의롭지 못한 일에는 용기 있게 나설 수 있는 사람으로 살아가야 하지 않겠어요. 자식에게 무엇이 되라고 채찍질하기보다 어떻게 살아가야 한다고 가르치는 그런 마음이라면 모든 문제는 지금보다 쉽게 풀릴 수 있을 텐데 그 점이 참 아쉽습니다.

아이를 무엇으로 만들려고 조바심 내기보다 길을 제대로 찾아 걸어가도록 좋은 안내자가 되어 주는 편이 훨씬 현명하지 않을까요. 자식이 내 마음처럼, 다른 집 아이처럼 하지 않고 튕겨나가려 한다고 가슴 태우고 눈물 짓는 부모님들이 얼마나 많아요.

이제 학부모가 되면 내 뜻, 내 욕심은 좀 접어 두고 아이와 같이 아이의 삶을 개척하고 창조해 나가는 연습을 해 나가셨으면 합니다. 아이의 삶을 부모님이 다 짊어지고 나가려면 힘이 들지만 아이와 함께 나누어 지고 나간다면 훨씬 가볍고 또 즐거울 테니까요.

부디 자녀들이 기쁘고 재미있는 1학년을 보내기 바랍니다.

1994년 10월, 주순중.

개정판을 내면서

책을 낸 지 만 4년이 되었습니다. 그 사이 국민 학교 이름이 초등 학교로 바뀌었고, 초등 학교에서 시험이 없어졌습니다. 학교 운영위원회가 생겼고, 만 5세 입학이 허용되었으며, 영어가 정규 과목이 되었습니다.

책을 내고 몇 년이 지나고 보니 그 때와 형편이 달라져서 고쳐야 할 대목도 많고 새로 더 넣어야 할 것들도 생겨났습니다. 저 스스로도 꼼꼼히 읽어 보고 다른 선생님, 학부모님들께도 여쭤서 모두 고쳤습니다. '동무 사귀기'는 많이 덧붙였고, 산만한 아이들과는 또 다른 유형인 거친 아이들에 대한 이야기를 새롭게 썼습니다. 부모님들이 민감하게 생각하시는 상과 벌, 짝 문제에 대한 얘기도 넣었습니다. 또 학부모님이 학교에 참여할 수 있는 길에 대해서도 간단하게나마 썼습니다. 돈 봉투 얘기는 너무 어려운 문제라서 깊이 있는 얘기를 못 했는데, 그 문제를 어물쩍 넘어가지 말라는 요청도 있고 해서 제 경험을 바탕으로 썼습니다. 지금은 돈 봉투라는 말이 사라질 때가 되었는데도 부모님들이 쉽사리 마음을 못 놓으시는 것 같더군요. '꼬물별 학습 지도'에서는 맞춤법 이야기를 했습니다. 1학년에 무슨 맞춤법이냐고 하실 분들이 있을 테지요. 아이들이 글자를 모르고 학교에 들어오던 시절에는 글자를 깨치는 것이 조금 늦더라도 하나하나 바르게 배워 나갔어요. 그런데 지금은 여기저기서 제각각 배우고 들어와서 예전 아이들보다 지도하기가 더 어려워요. 아이들이 아주 쉬운 낱말도 엉망으로 씁니다.

아이들도 5년 전과 많이 다르다는 생각이 듭니다. 어른에 더 가까워졌다고 할까요, 어린이다움을 더 잃었다고 할까요. 아이고 어른이고 다른 사람에 대한 배려나 따스함이 부족해졌어요.

공교육이 위기라는 말을 진작부터 들었어도 실감을 못 했는데 지금은 피부로 느낄 수 있습니다. 이대로 가다가는 학교도 아이들도 이만저만 큰일이 아니겠구나 하는 생각이 듭니다. 학교와 교사는 권위를 잃었습니다. 아이들은 학교보다 학원과 학습지, 과외 교사한테 너무나 많은 것을 배우기 때문에 학교에 와서 공부할 필요가 없어지고 있습니다. "엄마, 나 학교 월 수 금만 가면 안 돼요?" 하거나 "나, 학교 끊을 거예요." 하는 아이들이 생겨났습니다.

교육을 꼭 학교에서만 해야 한다는 얘기는 아닙니다. 문제는 지금처럼 되어서는 아이들만 피해를 입는다는 거지요. 지금 아이들은 어느 한 쪽도 완전하게 믿고 따르게 되어 있지 않습니다. 교사를 믿고 따를 때는 교사의 가르침이 아이들의 영혼을 흔들어 놓을 수 있었지만 지금은 전혀 그렇지 못합니다. 지금 우리 아이들은 아주 이상한 처지에 놓여 있습니다. 방치라고 하면 지나친 말일까요? 누구도 일부러 방치하려고 한 것이 아닌데 그렇게 되어 가고 있습니다.

나름대로 최선을 다한다고는 했지만 그래도 부족한 부분이 있으리라 생각합니다. 제가 선생으로 있는 동안 더 관찰하고 공부하여 다음에 고칠 때는 더 좋은 책을 내도록 노력하겠습니다. 이 책을 고치는 데 좋은 말씀을 주신 분들께 고맙다는 말씀을 드립니다.

1998년 12월, 주순중.

차례

머리말   2   학부모가 지녀야 할 마음가짐
            4   개정판을 내면서

1장 입학 통지서를 받고 무엇을 준비해야 할까요
- 13   입학 통지서
- 13   소집일
- 14   건강 관리
- 14   자기 물건 스스로 챙기기
- 15   바른 생활 버릇 들이기
- 15   화장실 가기
- 17   학용품 준비
- 18   옷과 신발
- 18   입학 전 공부
- 22   글씨 바르게 쓰기
- 24   학교 돌아보기
- 25   마음의 준비

2장 입학하고 나면 무엇을 준비해야 할까요
- 29   입학식
- 30   담임 선생님
- 34   학교에 데려다 주기
- 34   가방 챙기기
- 35   연필과 공책 챙기기
- 36   과목마다 필요한 준비물
- 39   물건에 이름 쓰기

	40	옷차림과 외모
	41	등교 시간
	42	발표 기회
	44	상
	45	벌
	48	통일하지 말아야 할 것
	50	평가에 대하여
	52	학교를 빠져도 결석 처리를 하지 않는 경우
	56	학부모가 학교 일에 참여할 수 있는 길
3장 학교 생활에 잘 적응하지 못해요	61	학교 가기 싫어하는 아이
	66	주의가 산만한 아이
	73	내성적인 아이
	76	난폭한 아이
	79	어머니가 직장에 나가는 아이
	83	공부를 잘 따라 하지 못하는 아이
	86	동무 사귀기
	91	아이들 싸움
	94	짝
	95	만 5세 입학
	96	다 다른 1학년 아이들

4장 학교 밖에서는 어떻게 생활해야 할까요	107	책상 앞에 앉는 버릇
	108	스스로 하는 아이
	109	따로 시키는 공부
	111	학원 보내기
	116	영어 공부
	118	집에서 가르칠 일
	120	버릇없는 아이
	123	자기만 아는 아이
5장 공부는 어떻게 도와 줘야 할까요	129	과목에 따른 학습 지도
	134	숙제 도와 주기
	136	그림 일기 지도
	137	일기를 쓰게 하는 까닭
	140	일기 쓰기에 재미를 붙이려면
	152	시 지도
	154	독서 지도
	156	책에 재미를 붙이려면
	158	여름 방학 즐겁게 보내기
6장 담임 선생님과 만날 때 어떻게 해야 할까요	165	따뜻한 인사말
	166	돈 봉투
	170	의논할 일이 있을 때
	172	선생님 도와 드리기

	174	아이들이 잘못 전하는 말
	177	선생님에게 알려 줄 일
7장 어머니께 드리는 편지	183	시험이 없어졌어요
	186	아이들도 할 수 있는 일
	187	놀 줄 아는 아이
	187	자연과 가까이하기
	191	풀이나 나무 이름 가르쳐 주기
	192	자연의 소리 들려 주기
	196	우리말 교육
	200	환경 교육
	203	아이들의 순수함을 지켜 주세요
부모님께 도움이 되는 자료	212	1학년 아이들에게 권하는 책
	213	학부모에게 권하는 책
	214	아이들과 함께 가 볼 만한 곳 (박물관, 미술관, 자연 학습장)
	219	어린이 도서관
	222	아이들 문제를 상담할 수 있는 곳
	222	어린이 책 전문 서점

1장
입학 통지서를 받고
무엇을 준비해야 할까요

올 3월에 초등 학교에 입학하는 딸을 둔 엄마입니다.
'내 아이가 어느 새 이렇게 커서 학교에 들어가나.' 하고 생각하니
기쁘고 설레는 마음을 누구에게라도 막 자랑하고 싶을 정도입니다.
그러면서도 이런저런 걱정이 앞섭니다. 첫 아이고 보니 무엇부터
준비해야 할지, 또 아이와 내가 어떤 마음의 준비를 하고
입학을 맞아야 할지 모르겠어요.

입학 통지서

옆 반 선생님이 첫 아이 입학 통지서를 받고 얼마나 기쁘던지 선반 위에 올려놓고 괜히 보고 싶어서 하루에도 몇 번씩 내려 가지고 들여다보고 올려놓는다는 말을 들었습니다. 그 쪽지가 어찌나 신기하고 소중한지 무슨 보물인 양 두 손으로 모셔서 가만히 들여다보고는 또 두 손으로 살짝 올려놓는다는 것입니다.

이렇게 기쁘고 설레는 마음 뒤에는 은근히 걱정도 뒤따릅니다.

'아이가 학교 생활을 잘 해 나갈까?'

'동무들은 잘 사귈까?'

'공부는 잘 할까?'

'요즈음은 부모 노릇 하기도 쉽지 않다는데 내가 뒷바라지를 잘 할 수 있을까?'

생각이 꼬리를 뭅니다.

그러나 우리가 무슨 일이든 처음 시작할 때면 그 일에 대해서 모르기 때문에 두려워하는 것처럼 아이의 입학에 대해서도 사실은 괜한 걱정을 할 때가 많습니다. 이제 흥분과 걱정을 가라앉히고 차근차근 생각해 볼까요?

소집일

1월 말쯤 되면 동사무소에서 입학할 어린이가 있는 집에 소집 통지서를 보내 줍니다. 통지서에 소집일 날짜와 학교 이름이 적혀 있지요. 보통 2월 10일 앞뒤에 소집일이 있습니다. 소집일날 학교에 갈 때는 반드시 이 통지서를 가지고 가야 합니다. 소집일날 학교에 나가는 것은 그 학교에 입학을 하겠다는 신고와 같은 것입니다. 말하자면 그 학교에 등록을 하는 거지요. 그런데 소집 통지서를 받고 소집일이 되기 전에 딴 곳으로 이사를 가거나, 또 소집일날 학교에 등록을 한 뒤에 이사를 가게 되어 그 학교에 입학을 못 하는 경우도 있습니다. 입학을 하기 전에는 학교에 얘기하지 않고 그냥 가도 됩니다.

   소집일날 학교에 오면 입학하는 날이 언제이고 몇 시까지 오라는 것이 적혀 있는 쪽지를 받습니다. 그리고 몇 반이라는 것도 알 수 있습니다. 소집일날 학교에 가야 하는 시간은 보통 오후 2시에서 4시까지인데 오는 대로 접수를 하기 때문에 어린이 수가 적은 학교에서는 일찍 끝나기도 하고 좀 늦게 끝나기도 합니다. 어떤 학부모님은 소집일날 오리엔테이션이 있을 줄 알았다고 하는데, 접수 시간이 일정하지 않고 부모님 형편에 따라 오시기 때문에 그런 것은 할 수가 없지요. 그 대신 입학하는 날, 아이들의 학교 생활에 대한 안내서를 받게 됩니다. 그리고 입학한 주에 하루 시간을 정해서 부모님들을 모시고 교장 선생님이 안내 말씀을 해 드립니다.

건강 관리

   몸이 건강하지 않고는 즐거운 학교 생활을 하기 어렵지요. 시력은 이상이 없나, 치료하거나 뽑아야 할 이는 없나 하고 살펴보면 좋겠습니다. 요즈음은 축농증이 있는 어린이, 코피를 자주 흘리는 어린이들이 많은데 이런 것도 관심을 가지고 살펴보았으면 합니다. 이 밖에도 아이에 따라 건강에 이상이 있는 곳은 알맞은 치료를 해서 입학한 뒤에 당황하는 일이 없도록 해야겠습니다.

자기 물건 스스로 챙기기

   이제부터는 자기 일을 스스로 해야 한다고 설명해 주고 자기 물건은 스스로 정리하고 챙기도록 합니다. 가지고 놀던 장난감이나 읽던 책들도 스스로 제자리에 놓도록 책임감을 심어 줍니다. 자기 물건에는 제 손으로 이름을 써 붙이게 해도 좋겠습니다.

바른 생활 버릇 들이기

아이가 늦잠 자는 버릇이 있다면 고치도록 해야 되겠지요. 저녁에 늦게 자기 때문에 늦잠 자는 버릇이 생깁니다. 아버지가 늦게 퇴근하시는 집은 식구들도 자연히 밤 늦게까지 얘기를 하거나 간식 따위를 먹느라고 아이들이 늦게 잠자리에 들게 되는데 특별한 때가 아니면 10시가 넘기 전에 재우도록 합니다.

아침에 일어나면 혼자서 세수하고 옷도 혼자서 입을 수 있어야겠지요. 이도 혼자 닦고요. 그리고 무엇보다 아침에 똥을 누는 버릇을 들여야 합니다. 뱃속의 찌꺼기를 시원하게 쏟아내 버려야 머리도 개운하고 몸도 가뿐해서 그 날 하루 생활이 즐겁습니다.

요즈음은 어른이고 아이고 똥을 금방 못 누고 며칠씩 지내는데 어른들은 긴장된 생활 탓이겠지만 아이들은 음식 탓이 크지요. 빵, 음료수, 과자, 육류 따위보다 밥, 국, 김치, 나물같이 섬유질이 많은 음식을 먹게 합니다. 똥을 시원하게 못 누면 다 병이 되잖아요.

화장실 가기

아이들은 환경이 갑자기 바뀌면 당황해서 엉뚱한 행동을 하는데 똥, 오줌 누는 일도 마찬가지입니다. 학교에서 제 때에 화장실에 가지 못해 아이가 곤란을 겪기도 합니다. 학교에 가기 전에 화장실 쓰는 법을 다시 한 번 잘 설명해 주세요. 똥은 아침에 일어나 꼭 누고 학교에 가도록 하고 오줌이 마려우면 참지 말고 곧 선생님께 말하고 화장실에 가라고 일러 줍니다. 학교 생활이 좀 익숙해지면 시간을 잘 조절해서

쉬는 시간에 가게 될 겁니다. 또 똥을 누고 나면 물을 내려야 한다는 것도 꼭 일러 주세요.

학용품 준비

가방, 필통, 연필, 색연필, 크레파스, 신발 주머니, 실내화 들은 학교 생활에 필요한 물건들입니다. 공책은 담임 선생님 설명을 듣고 준비하도록 합니다. 연필은 아직 아이들이 손에 힘이 없기 때문에 심이 무른 것을 쓰게 합니다. 1학기에는 주로 2B 연필을 쓰는데 이것은 담임에 따라 일 년 동안 쓰기도 하고 한 학기만 쓰기도 합니다.

크레파스는 처음에는 너무 여러 가지 색깔을 사지 않았으면 합니다. 24색이나 36색이면 충분합니다. 색연필은 실을 풀어서 쓰는 것, 칼로 깎아 쓰는 것, 꼭지를 돌려서 심이 나오게 해서 쓰는 것 들이 있는데 실을 풀어서 쓰는 색연필이 심도 무르고 색깔도 선명해서 좋습니다. 색깔도 10~12가지 정도면 됩니다.

책가방은 어떤 것을 골라야 할지 모를 정도로 여러 가지가 있더군요. 모양도 예쁘고요. 너무 복잡하게 기능이 많은 것보다 책, 공책, 필통 들을 넣어 다닐 수 있는 것이면 됩니다. 너무 큰 것은 말고 보통으로요. 등받이가 있는 것은 책상 옆에 세워 놓을 때 넘어지지 않더군요. 무엇보다 무겁지 않아야겠지요.

어떤 어머니는 예쁜 헝겊으로 가방이나 필통을 직접 만들어 주기도 하더군요. 꼭 가게에서 사지 않아도 이런 정성이라면 좋을 것 같습니다. 아이들이 많이 가지고 다니는 양철 필통은 보기에는 예뻐도 바닥에 떨어지면 소리가 아주 날카로워 듣기가 괴롭습니다.

학용품을 준비할 때 절약하는 모습을 보여 주는 것도 좋습니다. 입학이니까 특별히 고급 물건 사 준다 하지 말고, 아이를 데리고 다니면서 좀더 싼 것이 있나 일일이 따져 보고 같은 값이라면 한 푼이라도 싼 것을 사는 모습을 아이한테 보여 주는 겁니다. 싸게 사고 남은 돈으로 무엇을 더 살 수 있다는 것도 가르쳐 주고요. 아마 아이는 이 때 받은 인상을 아주 오래 간직할 겁니다.

옷과 신발

아마 옷이나 신발도 대부분 새로 사게 되겠지요. 입던 옷을 빨아 입혀도 괜찮을 텐데 부모님은 새 옷을 입히고 싶으시겠지요. 옷이나 신발도 너무 고급으로, 비싼 것을 사지 않았으면 합니다. 그 옷으로 흙도 묻히고 먼지도 묻히고, 앉고, 뛰고, 뒹굴고 할 텐데 옷 때문에 마음대로 행동하지 못한다면 성격 형성에도 별로 좋지 않을 것 같습니다. 또 입학하는 날부터 주머니에 휴지 대신 손수건을 넣어 다니면서 쓰게 하면 좋겠습니다. 손수건은 더러워지면 다시 빨아서 쓸 수 있지만 휴지는 한 번 쓰고 버리면 그만이잖아요. 어릴 때부터 물건을 아끼는 버릇을 길러 주는 것은 중요하다고 봅니다.

입학 전 공부

몇 해 전 초등 학교에 입학한 딸을 둔 친구가 전화를 걸어 온 적이 있었습니다. 딸아이한테 한글을 가르쳐 주어도 돌아서면 잊어버린다고 걱정을 했습니다. 다른 아이들은 글을 다 아는데 저만 모르면 얼마나 창피하겠느냐고 하면서요.

친구는 또, 학교 들어가서 얼마 있지 않아 알림장을 쓴다는데 글을 모르면 고통스러울 게 아니냐고도 했습니다.

알고 들어가서 나쁠 건 없지만 한글을 모르고 들어와도 차츰 깨치게 되고 요즈음 같으면 여름 방학만 지나고 오면 저절로 다 알게 되더라고 했더니 그 친구는 몹시 언짢아했습니다. 저더러 현실을 모르는 소리나 한다고요. 딸아이 또래들 가운데 한글을 모르는 아이가 없다더군요. 그래도 선생한테 물어 보면 좋은 방법을 알려 주려니 했는데 그냥 두면 저절로 알게 된다며 한가한 소리나 한다는 거지요.

그 친구가 다시 전화를 하지 않아서 딸아이가 어떻게 글을 깨쳤는지는 모릅니다.

요즈음 아이들은 벌써 네다섯 살만 되면 글자를 익히더군요. 그 전 같으면 마을로, 들로 뛰어다니느라 도무지 글자를 구경할 새도 없었

고 부모들도 애써 가르칠 생각을 하지 않았지요.

지금은 아이들이 살아가는 환경이 그 전과 많이 달라졌지요. 집안에 있는 시간도 많고 책도 흔해서 아이들이 글자를 볼 수 있는 기회가 많아졌어요. 아이들이란 원래 알려고 하는 욕구가 강하기도 하지만 부모님들이 더 열심히, 좀더 어릴 때부터 글자를 가르치려고 애쓰고 하니 저절로 글자도 쉽게 알게 되나 봅니다. 그런가 하면 이와는 반대로 애써 가르치지 않고, 모르면 모르는 대로 학교에 들여보내는 부모님도 있습니다. 가르치고 싶은 마음이야 마찬가지겠지만 일부러 그냥 두는 분들은 아이에게 스스로 힘들여 글을 배우는 기쁨을 맛보게 하려는 것 같습니다.

1학년 교육 과정을 보면 3월 한 달은 〈우리들은 1학년〉이라는 책을 가지고 아이들이 학교 생활을 재미있고 부담 없이 익히도록 하고 있습니다. 아직 연필은 쓰지 않으며, 글자 공부도 색연필로 책에다 한글 자음과 모음을 따라 쓰게 하고, 숫자도 1에서 9까지 색연필로 따라서 그리게 하는 정도입니다.

동화책을 줄줄 읽고, 더하기 빼기까지 배우고 온 아이들은 학교가 여간 시시한 곳이 아니겠지요. 하지만 학교라는 데가 그렇게 앞서 가는 아이와 뒤쳐지는 아이가 함께 손잡고 서로 배우고 가르치는 곳이어서 좋은 게 아니겠어요? 저는 아이들이 학교에 와서 교사보다 동무들한테 더 많이 배운다고 생각해요.

아이들은 저마다 차이가 많아서 빨리 깨치는 아이가 있는가 하면 좀 늦된 아이도 있습니다. 그러니 꼭 학교 들어가기 전에 글을 깨우쳐야 한다고 조바심 내지 않아도 된다고 봅니다. 제 친구 걱정대로 알림장 쓸 일이 걱정되긴 하지만, 선생님이 아이들 형편 봐 가면서 쓰게 하지, 잘 쓸 수 없는 아이한테 억지로 쓰라고 하지는 않아요. 선생님한테 도움을 받거나 잘 아는 동무에게 도움을 받을 수도 있고요. 아이에게 그 정도 시련은 오히려 좋은 자극이 되지 않을까요?

공부는 아이가 알고 싶어하는 정도나 하고 싶어하는 만큼만 시켜도 된다고 생각합니다. 부모가 억지로 끌고 가고, 집어 넣지 않았으면 좋겠습니다. 아이보다 더 나서고 앞질러 나가는 어머니의 욕심이 자칫 아이의 걸음을 방해할 수 있거든요. 너무 많이 아는 아이는 오히려 학교에서 하는 공부가 시시해서 흥미도 없어하고 대강 하고 맙니다. 그리고 나머지 시간은 떠들고 돌아다니지요.

이와는 달리 유치원이나 겨우 다니고 집에서 공부를 알뜰히 시키지 않은 아이는 학교에서 하는 것이 뭐든지 신기하고 재미있어서 열심히 합니다. 이런 아이들은 보는 사람도 즐겁지요. 1학기 동안은 힘겹게 겨우 따라오던 아이가 여름 방학을 지나고는 씩씩하게 따라오는 걸 볼 때면 그렇게 귀여울 수가 없어요.

그런데 지금은, 아이들은 훨씬 앞서 가 있고 학교는 아이들이 이미 배운 것을 다시 가르치고 있는 셈입니다. 무엇을 설명하려고 하면 "그것 벌써 학원에서 배웠어요." 하거나 무슨 문제집에서 풀었다고 하는 일이 수도 없고, 6학년 같으면 훨씬 뒤에 배울 문제나 중학교 가서 배울 것을 가지고 와서 설명해 달라고 하는 일도 많아요. 학교와 아이들이 뭔가 어긋나고 있다는 생각이 자주 듭니다.

'그러면 아무것도 가르치지 말고 보내란 말인가?' 하시는 분도 계시겠지요. 억지로 가르칠 것까지는 없더라도 알려고 하는 아이를 일부러 못 하게 할 것은 없지요. 우리 반 한 아이는 1학기 동안 글자를 잘 몰라서 제딴에는 걱정이 되었던 모양이에요. 한 번은 지나가면서 들으니, 글자를 몰라서 저 혼자 걱정을 하고 있어요. 그러더니 2학기 들어 일기를 참 잘 쓰고 글씨도 그렇게 반듯할 수 없어요. 저는 속으로

'어머니가 방학 동안 열심히 가르치신 모양이다.' 했어요. 어머니를 만났을 때 물으니 학교 들어올 때 겨우 자기 이름 석 자 쓰는데 그것도 거꾸로 썼다고 해요. 아이도 애써 알려고 하지 않고 어머니도 같은 생각이어서 그냥 보냈대요. 방학 동안에는 일부러 글자를 가르친 게 아니고 그림 일기 쓸 때 모르는 글자는 가르쳐 주고 틀리게 쓴 것은 고쳐 주고 했는데 쉽게 알더라고 합니다. 지금 그 아이는 글 쓰는 데 별 어려움을 느끼지 않습니다. 1학기 동안 알림장이나 종합장 쓸 때 글자를 몰라 베껴 쓰느라 힘이 들었던지 글자를 빨리 알아야겠다는 마음에 스스로 배운 거지요. 글자를 거의 모르고 들어와도 걱정 안 하셔도 될 것 같아요.

또, 한 아이는 생일이 늦어서 어려요. 어머니가 걱정이 되셨던지 공부를 많이 시켜 보냈어요. 국어도 무슨무슨 학습지에서 다 했다고 하고 수학도 그래요. 그러니까 따라가는 데 어려움이 없지요. 그렇지만 공부 하나도 안 하고 들어온 아이나 미리미리 공부한 아이나 차이가 없더군요. 아이가 어떤 마음으로 학교 생활을 해 나가느냐가 중요하지요.

알림장을 늦게까지 못 써서 남아 쓰는 아이도 있는데 그것은 글을 깨쳐 보내지 않아서 그런 게 아니라 그 아이 개인의 문제라고 봐요. 아이들 가운데에는 할 수 있는데도 늦게늦게 하는 아이가 있어요. 남들은 다 썼는데 그 때 알림장을 꺼내기든요. 또 쓰기 싫어서 미적거리는 아이도 있어요. 할 마음이 있는 아이는 어떻게든지 합니다.

글씨 바르게 쓰기

글씨는 너무 일찍부터 쓰게 하지 않았으면 합니다. 글씨는 손에 힘이 생겨야 제대로 쓸 수 있는데 아직 손에 힘이 없는 아이에게 무리하게 글씨를 쓰게 하면 연필을 바르게 잡을 수 없습니다. 붓 쥐는 것처럼 세 손가락을 모두어 쥐는 아이도 있고, 연필을 붓 잡듯이 똑바로 세우는 아이도 있어요. 또 연필심을 너무 가까이 잡는 아이가 있는가 하면 숫제 손을 옆으로 젖혀서 연필을 뉘어 쓰는 아이도 있습니다. 이렇게 되는 까닭은 너무 일찍부터 글씨를 쓰게 하거나 딱딱한 연필로 너무 많은 양을 쓰게 해서 그렇지요. 또 잘못 잡는 것을 제대로 고쳐 주지 않고 그냥 두어, 버릇이 되어 버린 탓도 있습니다. 심이 무른 연필로 아이가 손이 피로하지 않을 만큼만 쓰게 하세요.

연필은 심에서 2~3센티미터쯤 떨어져 잡게 하고 연필을 기울인 각도는 60~68도가 알맞습니다. 그리고 첫째와 둘째 손가락으로 연필을 맞잡고 셋째 손가락은 아래쪽을 자연스럽게 받칩니다.

글씨를 쓸 때는 왼손으로 공책 아랫부분을 가볍게 누르고 몸은 반듯한 자세에서 조금 앞으로 숙입니다. 공책은 오른쪽을 15도 정도 올려서 씁니다. 책상에 앉아서 쓸 때는 두 발을 적당히 벌려서 나란히 놓습니다. 글씨는 천천히 한 획 한 획 정성껏 쓰게 합니다. 물론 획을 긋는 순서도 맞아야 하지요.

왼손으로 글씨를 쓰는 아이들이 한 반에 두세 명 정도 있는데 전에는 왼손잡이는 나쁘다고 강제로 오른손으로 바꾸도록 했는데 지금은 인식이 바뀌어 다행입니다. 왼손잡이라고 해서 다 글씨를 느리게 쓰고 보기 싫게 쓰지는 않아요. 아이에 따라서는 오른손으로 쓰는 아이보다 글씨체도 예쁘고 빨리 잘 쓰기도 하거든요. 요즈음은 두 손을 다 쓰는 것이 머리를 균형 있게 발달시킨다고, 될 수 있으면 두 손을 다 쓰라고 권장하기도 합니다.

학교 돌아보기

토요일이나 일요일에 식구들이 함께 학교를 한 바퀴 돌아보면 어떨까요? 어디에 무엇이 있나 대강 살펴봐 두면 입학해서도 덜 낯설 겁니다.

1학년 교실은 어디에 있는지, 화장실은 어떻게 가는지, 교무실이나 강당이 있는 자리도 알아 놓고요. 학교 생활을 해 나가다 보면 차츰 알게 되겠지만요.

또 걸어서 학교까지 가는 시간은 얼마나 걸리나, 조심해야 할 곳은

없나, 건널목을 건너야 한다면 길 건너는 것까지 다시 한 번 주의를 주면서 말입니다.

마음의 준비
아이에게 학교가 너무 좋고 재미난 곳이라고 과장해서 얘기해 주어도 곤란하지만 반대로 아이 버릇 잡는다고 말끝마다
"학교 갈 건데 그러면 어떻게 해."
"너 그렇게 하면 학교 가서 선생님한테 혼나."

"너 그렇게 공부 안 해서 학교 가면 꼴찌 하겠다."
하고 겁을 주지 말았으면 합니다. 안 그래도 요즈음 아이들은 마음이 약한데, 미리부터 학교에 대해 겁을 먹을 수도 있거든요. 어머니가 아이를 학교에 보내면서 기쁘기도 하고 걱정도 되듯이 아이도 똑같습니다. 오히려 아이들의 두려움은 더 클지 모릅니다. 그보다는
"척척 잘 하는 것 보니 벌써 학생 같은데."
"동생과 싸우지 않고 잘 노는 것 보니 학교 가면 동무들이랑 잘 지내겠구나."
하는 말로 안심시켜 주면 아이는 편안한 마음으로 입학을 기다릴 수 있겠지요.

2장
입학하고 나면
무엇을 준비해야 할까요

학교에 대한 첫인상이 앞으로 아이가 학교 생활을 하는 데
많은 영향을 미칠 것 같습니다. 어떻게 하면 학교와 선생님에 대해
좋은 인상을 갖게 될까요? 또, 며칠 동안이나
학교에 따라다녀야 할까요?

입학식

손꼽아 기다리던 입학식날이 왔습니다. 온 집안이 들썩들썩하겠지요. 10시에 입학식이 시작되지만 그 때까지 기다릴 수 있나요. 9시 30분이면 운동장에는 아이들과 부모님으로 가득합니다. 빨리 식을 시작하자고 재촉하듯이 말입니다.

날씨가 많이 춥지는 않지만 아직은 쌀쌀한 3월입니다. 그 날 다행히 날씨가 좋아 운동장에 아이들이 모이면 울긋불긋한 옷차림과 맑고 발랄한 목소리가 온 학교를 가득 메우지요. 얼마나 사랑스러운지요. 운동장 가득 울려 퍼지는 해맑은 아이들의 웃음소리는 우리에게 희망을 주고, 우리 어른들에게 이 고운 아이들을 구김살 없이 잘 키워야겠다는 책임감을 다시 한 번 일깨워 줍니다.

이 날 아이들이 학교나 선생님에 대해 받은 첫인상은 어른이 돼서도 잊혀지지 않을 만큼 강하게 남지요. 만약 비라도 내려서 반마다 교실에 가서 텔레비전 화면으로 입학식을 하거나 좁은 강당에서 복대기며 입학식을 하게 된다면 아마 아이들은 첫날부터 학교는 참 지루하고 재미 없는 곳이라고 생각할지도 모르겠습니다. 이럴 때 선생님들은 아이들이 실망하지 않도록 세심한 데까지 신경을 써야겠고 식구들도 아이의 기분을 달래 주어야겠습니다. 학교 건물도 모두 네모져서 딱딱한 인상을 주는 데다 4, 5층씩이나 돼서 아이들 감성과는 참 안 맞지요. 건물이 자그마하고 동그스름하면서 아기자기하면 얼마나 좋을까 하는 아쉬움이 늘 있습니다.

입학에 대해 한 가지 덧붙이고 싶은 얘기가 있습니다. 지금은 입학이 하나도 대단한 일이 못 되잖아요. 무슨 입학이든 말이에요. 학교 못 가는 아이도 없고 그저 장소만 옮기는 것뿐이니까요. 그래서 아이도 어른도 마치 이웃집 나들이하듯이 입학식에 잠깐 급히 들르는 기분이랄까요. 그게 좀 아쉽다는 거지요. 무슨 일이든 시작이 대단하면 그 일을 해 가는 동안 긴장하여 대단한 것으로 끌고 나가려 하지 않겠어요. 그러니 입학을 대단한 일로 맞았으면 하는 거지요. 유치원과 다를 바 없다고 해도 한 과정을 매듭짓고 새 날을 시작하니까요. 그 날은 모든 일을 접고 진지하고 경건하면서도 기쁜 날로 맞아 주세요. '이제 우리 ○○가 이만큼 자라 더 넓은 세상으로 나아가 동무들과 많은 것을 배우고 책임감 있게 지내게 되었구나. 축하한다.' 하며 격려하고 힘차고 씩씩하게 학교 생활을 시작하도록요. 좋은 물건 많이 사 주고 외식하고 그럴 게 아니라 말과 태도와 표정으로 축하해 주세요. 종교를 가진 집이라면 식구들과 예배도 드리겠지요.

 입학날만 그러는 게 아니라 아이가 어느 정도 마음이 잡힐 때까지 식구들이 잘 지켜보고 격려하고 경건하게 보냈으면 해요. 그래서 아이가 '아, 입학이라는 것은 대단한 일이구나. 대단한 일이니까 열심히 잘 해야지.' 하는 마음이 들게요. 앞으로 있을 일을 미리 걱정이나 하고 학교를 별것 아닌 양하면 아이의 학교 생활도 영향을 받지요. 앞으로 있을 다른 입학 때도 그래 주면 좋겠습니다. 온 식구는 물론 친척들까지 축하해 주고 더 잘 해 나가라고 격려해 주고 기대를 가져 주고요. 그래서 아이가 한 단계 오를 때마다 자신감을 가지고 더 힘차게 나아갈 수 있게요.

담임 선생님

 입학식날 부모님과 아이들은 담임 선생님에 대해 가장 궁금해하고 호기심을 갖습니다. 우리 담임 선생님은 어떤 분일까? 하고 몹시 궁금해하지요. 학교에서 담임을 정할 때 1학년 선생님은 특히 신경을 씁니다. 1학년을 맡은 선생님 역시 다른 학년을 맡을 때와는 또 다른 마음가짐을 가지지요. 입학하는 아이들만큼이나 마음이 설렙니다. 이 날은 자기에게 가장 잘 어울리는 옷을 골라 입고, 일 년 가운데 가장 예뻐 보이려고 하지요. 드디어 담임이 발표되면

'어, 남자 선생님이네.'

'야, 예쁜 처녀 선생님이야. 기분 좋다.'

'힝, 나이 많은 선생님이잖아. ○반 선생님이 더 좋은데.'

'우리 선생님은 너무 무섭게 생겼어. 혼 많이 나겠다.'

아이들과 부모님은 그 자리에서 드러내 놓고 표현하지는 않지만 마음 속으로는 이런 기쁨과 섭섭함이 빠르게 오가지요. 아이들은 특히 나이가 젊고, 단 위에 올라가 무용하는 선생님을 많이 좋아하지요. 그 반 아이들은 은근히 으스댑니다.

"우리 선생님은 무용 선생님이야. 우리 학교에서 제일 예뻐. 너네 선생님은 할머니 선생님이지."

하고 저희 선생님을 자랑하면 놀림을 받은 아이는 속이 상해 울고 싶어집니다. 제 선생님이 더욱 늙어 보이고 학교도 싫어집니다. 우리 반 아이들도 운동장에서 함께 무용을 할 때면 무용하는 선생님을 부러운 듯이 쳐다봅니다. 한 번은 무용은 좋아하지도 않는 개구쟁이가

"선생님도 저기 가서 무용해요."

해서 한편 당황스럽기도 하고 한편 그 아이한테 미안하다는 생각이 들었습니다.

그뿐이 아닙니다. 아직은 그렇게 늙었다고 생각하지 않았는데 입학식 한 지 며칠 안 돼서 어떤 여자 아이가 "선생님, 나이 들어 보인다." 해서 깜짝 놀랐습니다.

'이크, 드디어 올 것이 왔구나.'

했지요. 또 아이들이 쓴 글을 보면

"우리 선생님은 조금 늙으셨다."

하고 쓰기도 하고, 제가

"너희들이 하도 떠들고 말을 안 들으니까 조용히 시키느라 목이 쉬었다."

하면

"에이, 목이 쉬어서 노래를 못 부르는 건 늙어서 그래요."

합니다.

나 자신은 아직 늙었다고 생각하지 않는데 어째서 1학년 아이들은 늙었다고 할까 하고 곰곰이 생각해 보니 1학년 아이들이 '늙었다, 나이 많다.'고 판단하는 기준은 자기 부모라는 것을 알았어요. 제 부모보다 나이 들어 보이면 늙었다고 생각하지요.

그런데 장단점은 다 있습니다. 연세가 쉰에 가까운 어떤 여선생님은 그 전에는 자식 키우느라 정신 없이 지냈는데 이제 아이들이 다 커서 시간과 마음에 여유가 생기니 아이들이 새롭게 보이고 가르치는 일이 즐겁고 그렇게 좋을 수 없다며 갓 교단에 섰을 때와 같은 의욕을 보이셨습니다. 사실 어린 아이들과는 나이 드신 분이 잘 맞잖아요. 할아버지 할머니와 손주를 보면요.

나이 드신 분을 만나면 경험이 많아 마음이 놓인다 하고, 젊은 분이면 패기가 있어서 좋다고 하고, 남자 선생님을 만나면 씩씩해서 좋다고 하고, 여자 선생님을 만나면 자상해서 좋다고 하고, 좋다고 생각할 까닭은 얼마든지 있어요. 또 그게 사실이고요.

우리 사회는 너무 새 것, 겉으로 드러나는 아름다움만 높이 사지 않나 싶어요. 아이가 선생님에 대해 실망한다면 "선생님은 너랑 놀아 줄 동무가 아니고 일 년 동안 공부를 가르쳐 주시고 보살펴 주실 분이기 때문에 나이 따위는 아무래도 문제 없다." 하고 말해 주면 좋겠어요.

부모님께서 먼저 그렇게 생각하셔야겠지요.

 조금 다른 얘기입니다만, 교실은 한 반에 40~50명 되는 아이들이 뛰고 움직이는 곳입니다. 그래서 아이들과 몸을 부딪치면서 학급을 운영하고 청소도 함께 하며 살아가는 교사의 생활이란, 일을 하는 환경이나 일의 내용이 공장에서 물건을 만들어 내는 노동자나 거리를 누비는 운전 기사와 크게 다르지 않습니다. 아마 교실에 들러 보시면 아이들에게 둘러싸여 있거나 일거리를 싸안고 있거나 청소를 하고 있는 선생님을 어렵지 않게 볼 수 있을 거예요. 그러니 교사가 남 보기에 좋아 보이는 값비싸고 활동하기 불편한 옷을 입고 있으면 그만큼 아이들과 일에 푹 빠지기 어렵지요. 질기고 값도 싸서 땅바닥에 엎드려도

2장 입학하고 나면 무엇을 준비해야 할까요 33

아깝지 않은 옷을 입어야 해요. 그런데 아이들과 학부모들은 그것을 잘 모르고 선생님이 얼마나 옷을 잘 입는가도 따지더군요.

학교에 데려다 주기

학교마다 조금씩 다르지만 입학하고 나서 하루나 이틀 정도는 운동장에서 무용도 하고 학교 안 이곳 저곳을 구경하기도 합니다. 원래 교육 과정으로는 입학한 다음 날부터 교실 수업을 하게 되어 있지만 아이들과 가까이서 낯도 익히고 줄도 서 보게 하려고 운동장 수업을 합니다. 부모님들도 내 아이를 같은 또래 여러 아이들과 견주어 보고 살펴볼 기회가 되어서 좋다고 합니다.

이 때 부모님이 꼭 따라와야 하는 건 아닙니다. 유치원을 혼자서 다녔다면 학교도 얼마든지 아이 혼자 오갈 수 있을 테니까요. 시간이 있으면 오셔도 되지만 형편이 안 된다면 이웃에 사는 동무 어머니께 부탁을 드리고 그 아이와 함께 다니게 하면 됩니다. 혹 다니는 길이 위험하면 단단히 주의를 시켜 주어야겠지요.

가방 챙기기

입학하고 며칠 동안 운동장에서 서로 낯을 익히고 나면 교실로 들어갑니다. 가방에다 〈우리들은 1학년〉 책과 종합장, 색연필 들을 넣어 짊어지고 집을 나서는 아이를 보노라면 비로소 학부모가 되었다는 사실이 실감나지요.

가방은 전날 잠자리에 들기 전에 챙겨 놓아야 하겠지요. 처음이라고 어머니가 다 해 주지 마시고 아이와 함께 하세요. 학교에 가지고 가야 할 것들을 챙기는 일, 가방에 넣는 일을 서로 나누어 할 수도 있고, 아이에게 모두 맡겨 놓고 마지막으로 어머니가 확인해도 좋겠지요. 가방도 칸이 여러 개로 나누어져 있으니 이런 것은 여기에 넣으면 좋고, 저런 것은 저기에 넣으면 좋겠다고 가르쳐 줄 필요가 있어요. 좀 서툴고 마음에 들지 않는다고 어머니가 다 해 버리면 아이는 언제까지나 서툴 수밖에 없습니다.

연필과 공책 챙기기

입학하고 처음 얼마 동안은 연필이 필요 없지만 글씨를 쓰기 시작하면 연필이 아주 중요합니다. 날마다 서너 자루 정도는 새로 깎아 보내야 합니다. 연필심은 너무 뾰족하지 않아야 합니다. 그런데 아이들 가운데는 글씨를 쓸 수 없을 만큼 뭉뚝한 연필을 그대로 가지고 다니는 경우도 있어요. 집에 연필을 넉넉하게 깎아 놓고 필요할 때 가지고 가게 하면 더 좋겠습니다. 그리고 자주 필통을 열어 보시고 연필이 글씨 쓰기에 알맞은지 확인해 보세요. 2B 연필은 심이 무르기 때문에 금방 닳아 버려 어머니가 감당할 수 없는지 연필깎이를 학교에 가지고 와서 깎는 아이들이 있는데 연필깎이는 심이 너무 뾰족하게 깎일 뿐더러 잘 부러져 많이 버리게 됩니다. 또 아이들이 연필을 깎고 쓰레기를 통에 제대로 버리지 못해 바닥에 그냥 버리니 그것도 신경 쓰이는 일이 되더군요.

요즈음은 연필을 칼로 깎아 쓰는 아이들을 찾아볼 수 없는데 바빠서 도저히 시간을 낼 수 없다면 몰라도 그렇지 않다면 손으로 깎는 정성과 요령을 아이들에게 좀 가르쳐 주었으면 좋겠어요. 1학년 때 하기 어렵다면 차차 깎을 수 있게 가르치면 되겠지요.

1학년이 많이 쓰는 공책은 줄이 있는 종합장인데 어쩌다 보면 끝까지 다 쓴 것도 모르고 그냥 오기도 하고, 조금 남아서 더 이상 쓸 곳이 없어 쩔쩔매기도 합니다. 학교에 개인 사물함이 있으니 한 권 정도 더 사서 넣어 놓게 하면 좋겠어요. 그러면 언제라도 당황하지 않고 꺼내 쓸 수 있을 테니까요.

과목마다 필요한 준비물

지난 시절 우리가 보낸 학교 생활을 돌이켜보면 그 때는 책하고 연필하고 공책만 가지고 학교에 다녔지요. 실험도 말로 설명만 했고 미술 공부도 도화지에 그림만 그리면 됐습니다.

그러나 더 이상 그런 방식으로는 아이들의 요구나 시대에 맞는 교육을 할 수 없어 지금은 되도록 손수 해 보게 하고 있습니다. 그러자니 준비할 것이 많아졌습니다.

준비물 때문에 아이들은 아침마다 문구점에 들러야 하고 알림장은 준비물 적어 주는 자리가 되었습니다. 또 어머니들은 날마다 알림장을 보고 어떤 준비물이 있는지 살펴야 하는데, 직장에 나가거나 장사하시는 어머니들은 미처 챙겨 주지 못해 아이가 빈손으로 학교에 오기도 합니다.

서울에서는 1998년부터 웬만한 준비물은 학교에서 사 주었는데 2학기부터는 학교에 돈이 없어 다시 아이들이 사 오고 있어요. 아마 경제 사정이 나아지면 준비물 문제는 어느 정도 해결되겠지요.

시간 나실 때 책을 보시고 '어떤 준비물이 필요하겠구나.' 하고 미리 생각해 놓으면 좋겠지요. 또 학교에서 내주는 '주간 학습 계획서'에 일 주일 치 준비물이 나와 있으니 그것을 보고 미리 집에서 준비해 두면 더욱 좋지요.

낱말 카드나 숫자 카드, 동식물 사진 들은 꼭 사서 주기보다 잡지나 신문 따위에서 오려 써도 됩니다. 낱말 카드도 요즈음은 아이들이 글자를 거의 익히고 학교에 들어오기 때문에 그리 오래 쓰지는 않습니다. 두세 단원씩 어려운 낱말, 새로 나온 낱말들을 골라 아이와 함께 카드를 만들어 보아도 좋습니다. 숫자 카드는 0에서 9까지 열 장이 있어야 하는데 낱말 카드보다 더 오랫동안 쓰니까 튼튼하게 만들어서 낱장마다 구석에 이름을 적어 묶어 주면 사물함에 넣어 두고 필요할 때 꺼내 쓸 수 있어요. 필요한 준비물을 일일이 다 설명할 수는 없고 몇 가지만 말씀드릴 테니 나머지는 교과서와 알림장을 보시고 준비하세요.

아이들이 준비물을 많이 챙겨야 하는 과목은 〈즐거운 생활〉과 〈슬기로운 생활〉인데 학습 활동이 다양해지니 준비물도 아주 여러 가지예요. 음악 시간에 소고도 필요하고, 실로폰도 나오고요. 이런 것들은 한 번 사서 잘 보관하면 계속 쓸 수 있고 동생이 있다면 물려 쓸 수 있으니 잘 보관하는 일이 중요하지요.

미술 시간에는 전 같으면 흰색 도화지와 색종이가 가장 많이 쓰였는데 이제는 이런 것뿐 아니라 색도화지, 색상지, 두꺼운 도화지, 화선지, 한지 들이 함께 필요해요. 또 전에는 찰흙을 주로 썼는데 이제는 색깔이 있는 고무 찰흙과 지점토도 찰흙 못지않게 쓰입니다.

〈즐거운 생활〉에는 색종이와 8절 도화지가 많이 필요합니다. 물론 가위와 풀도 꼭 있어야 하고요. 색종이와 도화지는 자주 쓰니까 한꺼번에 많이 준비해 놓으면 아이가 필요할 때마다 가져갈 수 있어 아침에 돈을 들고 복잡한 문구점에 들르지 않아도 되지요. 두꺼운 도화지나 화선지, 색종이 들은 필요할 때마다 사고 남으면 버리는데 참 낭비라는 생각이 들어요. 한 장만 필요한데 문구점에서는 50원에 두 장, 100원에 세 장씩 파니까 둘둘 말아 가지고 와서는 조금 쓰고 구겨 버리는 일이 많거든요. 그렇게 해서 낭비하는 돈과 종이도 무척 많은 것 같아요. 어떤 선생님은 아예 한 학기 치 쓸 것을 한꺼번에 가져오게 해서 모아 놓았다가 쓸 때마다 꺼내 주시는데 그것도 한 방법이지요. 화장품 상자 같은 종이 상자들은 계속 필요하니까 생길 때마다 모아 놓으면 요긴하게 쓸 수 있습니다. 체육에서는 탱탱볼이 가장 많이 쓰이지요.

〈슬기로운 생활〉은 1학기에는 동식물 사진과 봄을 담은 사진이 있으면 좋고 1학기를 마칠 무렵 여름에 나는 과일 씨앗 모으기가 있어요. 책을 보면 어떤 씨앗을 모아야 할지 금방 알 수 있어요. 책에 나온 과일만 아니라 여름에 먹는 과일 씨앗을 다 모으면 좋겠어요. 아이들은 과일마다 씨앗이 다르다는 것을 알 것이고, 다음에는 말하지 않아도 처음 먹는 과일 씨앗을 스스로 모을 거예요.

2학기에 가면 가을 모습을 보여 주는 사진들이 필요합니다. 가을에 나는 과일 씨앗 모으기가 나오면 과일 씨앗뿐 아니라 가을철에 나는 씨앗을 모아야 해요. 이 때는 온 식구들이 도와 줘야 할 거예요. 씨앗을 모으러 산으로 가거나 시골 친척집에 가기도 하거든요. 가을에 씨앗을 맺기 위해 봄에 싹이 트고 여름에 꽃이 핀다는 것을 그때 그때 알려 주면 더 좋겠지요. 만약 집 둘레에 열매나 씨앗이 달리는 나무가 있다면 꽃이 피었을 때 "꽃이 피었구나. 가을에 어떤 열매가 맺나 보자." 했다가 가을에 열매가 달리면 다시 보면서 "그 때 무슨 색깔 꽃이 피었는데 이런 열매가 맺혔구나." 하면 아주 신기해할 거예요. 그리고 씨앗을 가져오라고 하면 문구점에 가서 여러 가지 씨앗을 사 오는데 그러지 마시고, 단 몇 가지라도 모으면 되니까 집 둘레나 산과 들에 나가서 모아 보세요. 준비물을 무조건 문구점에서 사 주지 말고 둘레에서 구해 주시면 공부하는 데 훨씬 도움이 됩니다.

처음 아이를 학교에 보내는 어머니는 준비물 때문에 힘들어합니다. 거기다 3월달은 글씨 공부하는 게 아니라 모두 손수 해 보기 때문에 준비물이 더 많이 필요하니 경험은 없고 당황하지요. 또 준비물을 어디서 구해야 하는지 모르겠더라고도 하십니다. 준비물을 챙길 때는 먼저 집에서 구할 수 있는 것인지, 이웃집에 윗학년이 있으면 거기서도 구할 수 있는지 생각해 보시고 아무래도 구하지 못할 것 같다 하시면 문구점으로 가세요. 문구점에는 학교에서 필요한 것이 거의 다 있으니까요. 그런데 문구점에서 살 수 있는 것도 시간 여유가 있으면 스스로 만들거나 찾을 수도 있어요.

준비물은 준비할 수 있는 데까지 하시고 정 못 하시면 그냥 보내세요. 아이한테는 사정을 이야기해 보내거나 쪽지나 알림장에 적어 보내셔도 되고요. 그러면 아이는 학교에 와서 꼭 그 사정을 이야기합니다. 최대한 노력했는데도 못 구했으면 할 수 없는 일이지요. 옆짝과 같이 보면 되니까요. 그런데 날마다 필요한 종합장, 알림장, 책 들은 꼭 챙겨 보내 주세요. 이상하게 한 번 안 가져오는 아이가 늘 안 가져오거든요.

물건에 이름 쓰기
아이의 물건에는 학년, 반, 이름을 꼭 써 넣도록 합니다. 자기 물건이 새로 생기면 맨 먼저 이름부터 써 넣는 버릇을 들입니다.
교과서 겉을 종이나 비닐로 싸기도 하는데 비닐로 싸면 감촉도 좋지 않을 뿐더러 돈도 들고 쓰레기도 만들고 아주 안 좋습니다. 그냥 이름만 써 가지고 다니게 하세요. 그래도 겉을 싸서 깨끗이 쓰고 싶다면 종이로 싸는 것이 좋겠지요.
실내화와 실내화 주머니에도 적당한 곳에 학년, 반, 이름을 써 놓으면 찾기가 쉽습니다. 연필에는 이름 대신 어떤 표시를 해서 잃어버려도 그 표시만 보고 찾을 수 있게 아이와 약속해 놓습니다. 공책이나 스케치북도 사자마자 이름을 써 넣었는가 꼭 확인하고 안 하면 야단을 쳐서라도 버릇이 되도록 해야 합니다. 아이들이 가지고 다니는 학용품이나 물건들은 똑같이 생겼거나 거의 비슷한데 이름이 없으니 찾아 줄 수 없어서 안타까울 때가 한두 번이 아닙니다. 아이들도 '내 물건이다.' 하고 챙길 생각을 안 해요.

옷차림과 외모

텔레비전 탓인지 사는 형편이 나아져서 그런지 겉모양에 신경 쓰는 사람이 많습니다. 깨끗하고 단정하게 다듬는 거야 좋지만 지나친 사람도 있어요. 아이들을 어찌나 꾸며 주는지 머리 다듬는 솜씨가 없는 어머니는 딸한테 핀잔을 받습니다. 긴 머리를 날마다 다듬어 보내려면 그것도 보통 힘든 일이 아닐 텐데요. 머리에 하는 액세서리도 어찌나 많고 자주 바뀌는지 마치 어느 엄마가 새로 나온 핀과 머리띠를 재빨리 사는가 경쟁이라도 하듯이 신기하고 예쁜 핀으로 장식합니다. 파마하지 않은 아이도 보기 드물고요. 아이들만이 가질 수 있는 반짝반짝 빛나는 고운 머릿결을 가진 아이는 보기 어렵습니다.

그런데 아이들은 본래 이렇게 꾸미는 데에 관심이 없다고 합니다. 다 어른들이 가르친 탓이고 야단스런 텔레비전 탓이지 아이들은 본래 있는 그대로를 보이고 싶어하지 꾸밀 줄을 모른다고 해요. 단정하고 깨끗하게 외모를 가꾸고, 옷은 값싸고 튼튼한 것이면 충분합니다. 어릴 때부터 몸치장에 시간과 돈을 쏟아붓는 것이 별로 좋아 보이지 않더군요.

등교 시간

　새 가방에 새 책을 넣은 아이들은 빨리 학교에 가고 싶어하지요. 그래서 공부 시작하기 40~50분 전에 벌써 교실에 들어옵니다. 부모님이 직장에 일찍 나가시기 때문에 아이도 같이 나올 수밖에 없는 경우가 아니면 공부 시작하기 20~30분 전에 학교에 도착하도록 해 주세요.

　학교는 많은 아이들이 함께 지내기 때문에 안전을 위해서라도 일단 학교에 오면 구속을 받을 수밖에 없습니다. 그러니까 일찍 오면 그만큼 자유롭게 놀지 못하고 공부만 하게 되는데 네 시간만 공부할 아이들이 다섯 시간 하게 되고 여섯 시간 할 아이들이 일곱 시간을 하게 되

지요. 언뜻 생각하면 공부를 더 해서 좋다고 할 수도 있겠지만 다 나이에 맞게 공부 시간을 짜 놓았는데 시간만 더 늘린다고 효과가 있는 건 아닙니다.

교사들 쪽에서 보면 아이들이 일찍 오니 뛰고 떠들게 되고 그러면 위험하고 소란스러우니 걱정이고 그래서 어떻게 하든지 아이들이 일찍 와서도 조용히 지내도록 갖가지 방법을 생각하지요.

어떤 책에 보니 프랑스에서는 정해진 시간에 아이들이 학교에 오면 운동장에 모였다가 선생님이 함께 데리고 들어가서 하루를 시작한다고 해요. 또 제가 본 스위스의 슈타이너 학교에서는 아이들이 거의 같은 시간에 오는데 아이들이 먼저 와서 교실에 들어가는 법 없이 선생님이 교실 문 앞에서 아이들 한 명 한 명 손을 잡아 맞아들여 촛불을 켜 놓고 하루를 아주 조용하고 경건하게 시작하는 모습이 인상 깊었어요. '저렇게 조용하게 시작하니 아이들이 차분한가?' 하는 생각이 들더군요. 사흘 동안 수업을 참관했는데 공부 시간에 옆짝과 얘기하거나 떠드는 아이가 없어서 너무 신기했어요.

선생님이 일찍 오라고 하는 반이 아니라면 어느 학년이든 등교 시간을 알맞게 지키는 것이 하루를 잘 보내는 첫걸음입니다.

발표 기회

어머님들이 보내 오는 글을 읽다 보면 '어머니들이 교육 과정이나 학습 지도에 대해서 잘 모르시는구나.' 하는 생각이 듭니다. 교사들은 그런 것까지 설명할 기회도 없고 해서 무심히 지나가는데 그래서 교사와 학부모 사이에 오해나 섭섭함이 생기기도 하겠지요.

요즈음은 교육 과정이나 학습 활동이 많이 바뀌었습니다. 그 전에 아이들을 60~70명 넘게 앉혀 놓고 주입식으로 가르칠 때는 아이들이 자기 생각을 말할 기회가 적었습니다. 그런데 지금은 서울도 특별한 곳이 아니면 한 반에 60명이 넘지 않고 가장 적은 곳은 학생 수가 40명 아래로 내려갔고 시골은 한 반에 10명도 안 되는 곳이 수두룩합니다. 물론 지역에 따라 차이는 있지요. 이렇게 학생 수가 적어지니 한 아이가 말할 기회가 그만큼 많아졌습니다.

거기다 1989년도에 바뀐 교육 과정을 보면 모든 과목에서 계속 아이들이 말할 수 있게 해 놓았습니다. 교사가 한 가지 질문을 던지면 그에 대해 더 이야기가 안 나올 때까지 아이들이 발표하도록 되어 있습니다. 아이들이 틀린 답을 대거나 엉뚱한 대답을 하더라도 다 들어 주라고 합니다.

아이들이 활발하게 발표를 많이 할수록 교사도 힘이 덜 들고 아이들도 재미있게 공부하게 되지요. 그러니 기회가 없어 발표하지 못하는 일은 없습니다. 오히려 교사는 아이들이 발표를 많이 해 주기를 바라는데 아이들이 그러지 않아 애를 먹습니다. 그래서 쉬운 문제가 나오면 평소에 발표를 잘 안 하던 아이를 얼른 시킵니다. 또 분단마다 아직 발표를 한 번도 안 한 아이가 있으면 그 아이를 시키기도 하고요. 그런데 어떤 아이들은 교사가 물을 때마다 손을 들며 시켜 달라고 합니다. 이런 아이들은 아무 때나 잘 하니까 아이들이 손을 많이 들 때는 일부러 기회를 안 주게 됩니다. 이런 형편인데도 발표할 기회를 골고루 달라고 요구하시는 어머님은 아이한테 얘기를 잘못 전해 들으신 게 아닌지요. 아이들은 자기가 발표하고도 잊어버리고 "이번 시간에 발표를 한 번이라도 한 사람 손 들어 보세요." 하면 가만히 있기도 하거든요. 그러니 담임이 누구는 잘 시키고 우리 아이는 안 시킨다는 말은 옛말이라고 생각하시고 아이가 "선생님은 내가 손 들어도 안 시켜 줘." 해도 사실이 아닐 거라고 생각하시면 틀림이 없습니다.

상

상은 어머니들이 성적 다음으로 관심을 많이 가지십니다. 상은 잘한 아이를 칭찬하고 게으른 아이는 북돋우어 더 잘 하게 만들려고 생겼는데 상 받는 아이는 조금이고 속상한 아이는 몇 배나 되니 결코 좋기만 한 것이 아닙니다.

상은 학교마다 주는 방법이 다 다릅니다. 상을 많이 주는 학교도 있고, 거창 샛별 학교같이 아예 상을 없앤 학교도 있고요. 또 말썽이 많으니까 아예 상을 줄여 말썽 안 낼 상만 주는 학교도 있어요. 어떻게 주든지 교사들은 상 때문에 골머리를 앓습니다. 만약 똑같은 조건이라면 소외되고 격려가 필요한 아이한테 주는 정도의 융통성은 교사한테 주어집니다. 그러니 엉뚱하게 주는 일은 없는데도 교사로서는 언제나 만족스럽지 못하고, 상을 줄 때 미안한 마음이 앞섭니다. 또 교사라고 언제나 완벽하게 쏙 뽑을 수도 없잖아요.

될 수 있는 대로 여러 아이에게 골고루 기회가 돌아가게 하지만 일 년을 지내다 보면 어쩔 수 없이 같은 아이가 글쓰기 상도 받고 그리기 상도 받게 됩니다. 또 한 아이가 계속 그리기 상을 받을 수도 있고요.

반 아이 40~50명 가운데에서 상을 안 받고 싶어하는 아이는 없습니다. 아무리 골고루 주어도 반 이상은 못 받게 되는데 어머님들은 나머지 못 받는 아이들까지는 생각하지 않으시겠지요. 내 아이에게까지는 상이 돌아왔으면 합니다. 실력이 똑같을 때는 이왕이면 아직 상을 못 받은 아이에게 주어야겠지만 상 줄 때마다 상 내용이 다른데 골고루 주어야 한다고 더 잘 한 아이를 제쳐놓기도 곤란하지요. 선생님들은 이렇게 머리를 썩이면서 생각하고 생각해서 상을 주지만 최우수상이 아니고 장려상이라도 되면 반가워하지 않는 부모님도 계세요. 그럴 때는 정말 서운해요. 또 '내 아이는 당연히 받을 아이인데 뭐.'

하는 마음으로 받아들일 때도 서운하고요. 어떤 어머니는 "최우수상도 있는데 누가 최우수상 받았니?" 하고 다른 아이가 받은 상에 더 관심이 많으신 분도 계세요. 최우수상이 아니더라도 아주 잘 했다고 칭찬해 주시면 좋겠어요.

 잘 하는 아이 부모는 상 주는 기회가 많아야 한다고 주장하고 그렇지 못한 부모들은 그까짓 상 있으나마나라고 생각합니다. 상에 대해서는 우리 모두 많이 생각해 봐야겠는데 만약 아이가 상을 못 받아 오더라도 너무 상심하지 마세요. 잠시 기쁜 일이지 그게 아이 운명을 결정 짓는 일도 아니고, 상을 못 받았다고 해서 아이가 그 분야에서 영 못 하는 것도 아니거든요. 또 '내가 찾아가지 않아서 상을 안 주나?' 하는 생각은 더구나 하지 마시고요.

벌

 상 문제 못지않게 예민한 것이 벌입니다. 물론 학교에서는 모든 벌을 없애라고 하지만 많은 아이들과 잠시도 아니고 일 년 동안 지내려면 벌을 아주 안 줄 수도 없어요. 그 점은 아마 부모님들도 인정하실 거예요.

 아이들이 벌을 받는 경우는 준비물이나 숙제를 안 해 올 때, 친구와 싸울 때, 뛰고 소리치며 소란을 피울 때, 공부 시간에 제대로 하지 않거나 다른 사람을 방해할 때 들입니다. 이럴 때 매를 맞거나 꿇어앉거나 손을 들고 있기도 하고, 뒤쪽에 가서 잠시 서 있기도 하고 그래요. 또 남아서 교실을 정리하는 벌을 주기도 하고요. 어찌 됐건 아이가 벌을 받았다고 하면 부모님들은 기분이 언짢지요.

 제 이웃에 사는 한 어머니는 아이가 2학년 때부터 산만하다고 선생님께 꾸중을 들어 그 때부터 저한테 하소연을 했는데 해마다 한 해도 그냥 지나는 해가 없었어요. 지금 5학년이 되어서도 선생님께 꾸중 듣고 아예 제쳐놓은 것 같다고 속상해하시더군요. 그 어머니 말씀은 '내 아이가 산만하고 까부는 것은 알지만 그래도 선생님은 참고 사랑해야 하지 않느냐.'는 거였어요. 나는 무슨 말로 위로를 해야 할지 모르겠더군요. 그 선생님도 참고 참았지만 아마 더 참을 수 없어서 그랬겠지요. 교사들은 하루에도 수십 건이 되는 분쟁을 해결해야 하는데 어떤 때는 교사 자신도 모르게 부당하게 한 아이만 나무랄 때도 있어요. 그러면 그 아이는 자기만 야단쳤다고 속상해하는 거지요.

우리 반 얘기를 할게요. 공부 시간에 한 남자 아이가 뒤에 앉은 여자 아이를 때리려고 일어섰어요. 그걸 보고 제가 "○○야, 왜 그러니?" 하고 불렀어요. 지금 열심히 공부하고 있는 순간인데 그 아이는 그러고 있는 거예요. 그 아이는 공부 시간에 이상하게 집중을 못 하고 자꾸 다른 아이와 얘기를 하는데 그걸 막을 방법이 없어요. 다행히 야단치지 않고 불러 내서 왜 그러는지 물어 보니 여자 아이가 때렸다는 거예요. 그럴 리가 없는데 그 여자 아이는 너무도 착실한 아이인데. 여자 아이한테 물으니 "쟤가 내 지우개를 가져갔어요." 해요. 그러니까 남자 아이가 "쟤가 내 손을 할퀴었단 말이에요." 하겠지요. 어디를 할퀴었느냐고 물으니 손톱 옆을 보여 주는데 전혀 자국이 없어요. 저는 금방 알아차렸지요. 남자 아이가 뒤돌아보고 예쁜 지우개가 있으니 집어 왔겠지요. 장난으로요. 남자 아이들은 일부러 그러거든요. 그러니 새침데기 여자 아이가 못 참고 "내놔." 하면서 가져오다가 남자 아이 손을 할퀴게 되었고요. 할퀸 게 아니라 여자 아이 손톱이 남자 아이 손가락을 그은 거지요. 그러니 남자 아이가 그냥 못 있고, 뒤돌아보고 한 대 때리려고 하는데 제가 본 거예요. 이럴 때 대부분 그 순간에 들킨 아이한테 물으면 아이는 딱 잘라 자기가 당한 얘기만 합니다.

남자 아이더러 "왜 그러니?" 하고 물었을 때 "○○가 때렸어요." 하고 답했듯이요. 별일 아니라는 것을 안 저는 남자 아이를 들여보내면서 "너는 공부 시간에 왜 돌아보고 남의 것을 가져오니? 그러지 마라." 그리고 여자 아이더러 "너도 친구가 좀 보려고 그러는데 곧 줄 텐데 뭐 그러냐." 하고 끝냈어요. 그런데 공부 시간에 숱하게 일어나는 이런 일들을 공부하다 말고 일일이 물을 수는 없으니 대개는 금방 눈에 띈 아이를 나무라고 마는데 그게 억울할 경우도 있겠지요.

아이가 벌을 받았다고 할 때 어머니들은 별 생각을 다 합니다. 우리 이웃집에 사는 그 어머니도 '내가 안 찾아가서 그런가.' 하시더군요. 우리 반 부모님들도 그래요. 제가 혼자 감당하기 힘들어 어머니께 말씀드리면 어떤 어머니는 깜짝 놀라서 무엇을 사 들고 오세요. 그래서 해결될 일이라면 차라리 낫지요. 이것은 아이들 태도 문제인데 어머니가 학교에 무엇을 갖다 주어서 될 리가 없잖아요. 그런데도 무엇을 갖다 주었더니 발표를 시키더라, 아이 벌을 안 주더라 하는 얘기는 저로서는 도저히 이해가 안 가는 일이에요. 아이가 산만하다고 하는 말을 다른 뜻으로 받아들이는 분들이 있는데 그게 아닙니다. 아이들은 잠시라도 관심의 끈을 놓으면 흐트러지기 쉬워요. 선생님이 아이가 산만하다고 하면 어머니가 놀라서 타이르고 꾸중도 하고 학교도 갔다 오고 하면 아이는 잠시 행동을 조심하지만 그게 오래 못 가요. 안정이 안 되는 아이는요. 그러니 벌을 받고, 산만하다는 얘기를 들으면 아이의 행동을 바로잡으려고 노력해야지 다른 방법은 없어요.

저도 처음에는 매를 들기도 했는데 저도 모르게 매를 놓아 버렸어요. 그런데 어쩌다 가르침대를 들고 칠판을 짚으며 설명을 하다가, 장난치며 안 듣고 방해하는 아이가 있으면 저도 모르게 매로 툭 칠 때도 있어요. 그래서 될 수 있으면 가르침대도 손에 잘 안 들려고 해요.

선생님들은 날마다 아침에 출근할 때면 '오늘 하루도 아이들을 꾸중하지 않고 화내지 않고 평화롭게 지내게 해 주세요.' 하고 기도하지만 기도대로 되는 날이 많지 않아요. 아이들과 지내다 보면 예상 못한 일이 하도 많이 일어나니까요. 벌 주지 않고 웃으며 하루를 보낼 수 있다면 얼마나 좋을까요. 만약 정말 속상하시면 선생님께 편지를 하거나 찾아가서 아이가 잘못하는 것이 무엇인지 자세히 듣고 해결 방법도 같이 찾아보는 게 좋겠어요. 내가 안 찾아가서 우리 아이를 미워하나 보다 그렇게 생각하지 마시고요.

통일하지 말아야 할 것

어느 아파트에서 1학년 학부모들이 모여서 반마다 아이들 종합장을 나란히 펴놓고 어느 반이 무엇을 얼마나 썼는가를 견주어 평가해서 학교에다가 이러고저러고 의견을 말했다고 합니다. 이 얘기가 사실이 아니기 바랍니다. 이런저런 소리가 듣기 싫다고 1학년 선생님들이 종합장을 똑같이 써 보낸다면, 그래서 말썽날 거리를 없앤다면 마음이 놓이는 일일까요? 프랑스같이 교사가 마음대로 교과서를 고르고 반마다 교과서가 다를 수 있는 그런 나라 부모들은 어떨까요? 일본도 교과서가 한 가지가 아니라고 하더군요.

너무 오랫동안 변화나 다양성, 개성이 무시되고 획일 속에 살다 보니 조금만 다르면 잘못되었다고 생각하게 되었습니다. 이제 우리는 서로 다른 것을 아름답게 볼 수 있는 마음을 가져야겠어요.

또 어머니들은 아이가 공책에 무엇을 가득 써 오면 마음을 놓고, 그러지 않으면 우리 아이 담임은 공부를 제대로 안 가르치는 게 아닌가 하고 불안해합니다. 저는 어느 방법이 더 좋다고 말하고 싶지는 않습니다. 하지만 많이 쓰면 공부를 많이 한 것이고 적게 쓰면 공부를 적게 한 것이라고 단정할 수는 없다고 봅니다. 적게 쓴 선생님이 정말로 제대로 안 가르쳤는지는 알 수 없으니까요. 받아 쓰기도 자주 하지 않고 종합장도 적게 쓴 선생님이 그 시간에 딴전만 피우고 아이들을 내버려 두었는지, 아니면 아이들에게 다른 활동을 시켰는지 따위를 봐야 하지 않을까요? 꼭 눈에 보이는 것만 잘 했다고 한다면 우리들 마음이 너무 얕지 않나 하는 생각이 듭니다.

교육 과정이 그 전과 크게 달라졌는데 그 가운데서도 국어가 크게 달라졌습니다. 한 권이던 국어가 말하기·듣기, 읽기, 쓰기로 각각 나누어졌습니다. 교과서 세 권을 가지고 시간을 나누어 하다 보면 받아 쓰기나 네모칸 공책에 글씨 쓰기는 사이사이 짬을 내지 않으면 할 수 없습니다. 또 그 전에는 아이들이 학교에 들어와서 글을 깨쳤기 때문에 글을 깨우치기 위해 읽고 쓰기를 많이 시켰지만 요즘은 거의 글을 읽고 쓸 수 있어서 그 전처럼 안 시킵니다. 어머니 세대들은 손이 아프도록 글씨를 쓰면서 초등 학교를 다녔지요. 바로 얼마 전까지도 1학년은 다 그렇게 했습니다.

제가 아는 한 남자 선생님은 1학년을 아주 재미있게 잘 가르치시는데 남들이 아이들에게 팔이 아프도록 베껴 쓰기를 시키던 시절에도 그렇게 하지 않고도 아이들에게 쉽고 재미있게 글을 잘 깨우쳐 주더군요.

저는 아이들에게 손이 아플 만큼 글씨를 쓰게 하거나—아직 손목에 힘이 다 생기지 않았거든요— 쓰기 싫다는 마음이 얼굴에 가득 담기게까지 시켜서는 별 도움이 되지 않는다고 봐요. 어머니들이 글씨를 많이 쓰게 해 달라고 하는 까닭을 모르겠어요.

받아 쓰기도 일 주일에 몇 번 하면 좋은지 쉽게 판단하기 어렵습니다. 담임이 아이들 수준이나 필요한 정도를 생각해서 어려운 낱말이 많이 나오는 곳은 더 하고 좀 쉬운 곳은 덜 하게 되니까요.

부모님들이나 아이들은 점수가 매겨지는 받아 쓰기를 아주 좋아하더군요. 100점 받아서 자랑도 하고, 갖고 싶은 것도 사 달라고 하려고요. 부모님들도 아이가 어떤 과정을 거쳐 글자를 익히게 되는가, 다른 글에서도 글자를 틀리지 않고 쓰는가에는 관심이 적고 점수에만 관심을 많이 가지십니다. 혹시 받아 쓰기와 공책에 베껴 쓰기를 많이 하면 글자를 잘 알게 되는 줄로 생각하시는지 모르겠네요. 하지만 아이들이 글과 친해지고 글을 잘 알게 되는 방법은 받아 쓰기나 베껴 쓰기말고도 많습니다. 저는 틈틈이 교과서말고 1학년 수준이나 정서에 맞을 만한 전래 동요나 시, 고운 노랫말 들을 써 주고 같이 읽고 느낌을 맛보기도 합니다.

글씨 쓰기는 그 전처럼 글씨체에 신경을 많이 안 쓰기도 하지만 아이들이 학교 들어오기 전에 다 나름대로 글씨체를 익히고 들어오기 때문에 다시 바로잡아 주기 힘들더군요. 그리고 1학년 때는 손목 힘이 모자라서 글씨체가 완전히 잡히기는 어렵습니다. 2, 3학년으로 올라가면서 자리가 잡히지요. 사실 1학년 때는 글씨를 흉내낼 뿐이거든요.

평가에 대하여

교육이 있으면 반드시 평가가 따라야 한다고 사람들은 생각합니다. 뜻이 맞는 어머니들 몇 명이 모여 서로 돌아가며 아이들을 돌보는 그런 곳에서는 아마 어떤 형식이 있는 평가는 없을 것입니다. 그렇지만 공교육 기관 같은 곳은 무엇을 하겠다는 계획을 세우고 그것을 해서 어떤 결과가 나왔다는 것을 꼭 문서로 남겨야 하기 때문에 — 눈에 보이지 않으면 믿기 어려우므로 — 1학년 아이들도 평가를 합니다.

학교에 시험이 없어지고 교육 과정이 바뀌니 평가 방법도 크게 달라졌습니다. 전에는 시험만 봐서 점수로 써 주다가 나중에는 수, 우, 미, 양, 가로 나가다가 이제는 교과목이나 행동 모두 말로 써 주지요.

교과서에 있는 각 단원마다 세운 목표가 있는데, 평가는 그 목표에 어느 정도 도달했는가를 보는 겁니다. 국어라면 말하기, 듣기, 읽기, 쓰기를 다 보지요. 자기 생각을 얼마만큼 조리 있게 잘 말하나, 이야기를 듣고 생각이나 느낌을 바르게 말하나, 다른 사람이 하는 말을 잘 듣고 이해하나, 정확한 발음으로 글을 읽나, 글을 읽고 대강의 줄거리를 말할 수 있나, 글씨를 차례에 맞게 쓰나, 글씨는 바르게 쓰나, 이런 것들이 주로 국어과에서 평가하는 내용이지요.

수학은 교과서와 수학익힘 책에서 저절로 평가가 됩니다. 바른 생활은 친구들과 사이좋게 잘 지내나, 학급 물건을 바르게 쓰고 제자리에 정리하나, 공공 시설물을 바르게 쓰나, 준비물과 숙제 따위를 잘 해 오나 하는 것들이에요. 바른 생활을 실천하는가 하는 내용들이지요. 즐거운 생활도 그 시간에 한 내용들을 그때 그때 평가했다가 나중에 종합 의견을 쓰고요.

이런 모든 평가들은 주로 그때 그때 교사가 기록해 놓았다가 종합하기도 하고 그래도 다시 한 번 확인해 봐야겠다 싶은 것은 따로 시간을 내서 다시 해 보게 하기도 합니다.

전처럼 아이의 능력을 점수로 나타내는 평가는 없어져서 다행이지만 짧은 말로 아이의 이런저런 능력을 꼭 알맞게 표현하기가 무척 어렵습니다. 그래서 평가를 할 때면 선생님들은 머리를 싸매고 어떻게 써야 그 아이를 가장 잘 표현할 수 있을까 하고 고민합니다. 글을 자주 쓰는 저도 세상에서 가장 쓰기 어려운 글이 아이들 능력을 평가하는 글이에요.

아이들은 자기가 잘 한다고 생각하고 학교에 들어왔는데 어쩔 수 없이 서열이 매겨지게 됩니다. 되도록이면 그런 기회를 안 만들려고 하지만 상을 주게 되고, 받아 쓰기 해서 맞는 것과 틀린 것을 가려 내고 그러잖아요. 일기를 아주 열심히 잘 쓰고, 발표도 야무지게 잘 하는 아이가 받아 쓰기 열 개 가운데 세 개를 맞아 그만 얼굴이 어두워지고 친구들이 알까 봐 감추는 것을 보면 꼭 내가 잘못한 것 같아요.

아무튼 아이들을 점수나 등수로 줄을 세우는 그런 평가는 가장 나쁜 평가 방법입니다. 받아 쓰기 세 개 맞아 가더라도 '하하하.' 웃을 수 있는 집이면 좋겠어요.

학교를 빠져도 결석 처리를 하지 않는 경우

전 같으면 부모님들이 아이들을 하루라도 결석시키지 않으려고 학기중에 어디 가는 일은 거의 없었는데 지금은 그렇지 않더군요. 결석을 하고서도 휴가를 얻어 놀러 가니까요. 또 가족 행사도 많고요. 이런 국민들의 뜻에 맞게 결석으로 처리하지 않는 규정이 생겼습니다.

체험 학습은 1998년부터 새로 생긴 제도입니다. 표를 보시면 어떤 경우가 체험 학습에 들어가는지 자세히 알 수 있어요.

언제 이런 일이 있을 것 같으면 미리 선생님께 말씀드리고 먼저 체험 학습을 허락해 달라는 허가서를 써서 학교에 내서 결재를 맡습니다. 그리고 갔다 와서는 체험 학습 보고서를 내면 됩니다. 양식은 학교마다 다를 수 있습니다. 보고서는 말 그대로 있었던 일, 가서 보고 느끼고 배운 것, 수집한 것들이 있으면 함께 붙여서 냅니다.

아이들이 쓰기 어려우면 부모님이 써 주셔도 됩니다. 고학년은 스스로 쓸 수 있겠지요.

● 결석으로 처리하지 않는 경우

1. 천재지변, 전염병(학교보건법 제 7, 8조 규정과 동 시행령 제 13조 1, 2항에 근거), 전쟁 따위 불가항력의 사유로 출석하지 못한 경우.
2. 학교를 대표한 경기나 경연 대회 참가, 현장 실습, 훈련 참가 따위로 출석하지 못한 경우.
3. 아래 '표'에 따른 경조사 결석과 학교장의 결재를 얻은 현장 체험 학습으로 출석하지 못하는 경우.

경조사 결석

구분	대상	일수
결혼	형제, 자매, 삼촌, 외삼촌, 고모, 이모	1
회갑	부모와 부모의 직계 존속, 형제 자매와 그의 배우자	1
사망	부모의 형제 자매와 그의 배우자	1
	부모와 부모의 직계 존속	5
	형제 자매와 그의 배우자,	3
	삼촌, 외삼촌, 고모, 이모와 그의 배우자	3
탈상	부모와 직계 존속, 형제 자매와 그의 배우자	1

 * 거리가 먼 곳일 때는 학교장의 결재를 받아, 실제 왕복하는 데 필요한 날짜를 더 넣을 수 있다. (다만, 왕복하는 데 들어가는 날짜는 2일을 넘을 수 없다.)
 * 경조사 결석 일수가 2일 이상일 때는 그 사유가 발생한 날을 포함하며, 경조사가 있는 날 앞뒤에 이어서 써야 한다.

체험 학습
경조사 결석 외에 학교장의 승인을 받은 현장 체험을 위한 결석.
현장 체험 학습은 1년에 6일까지 허가할 수 있다.
1. 가족 행사 참여(생일, 약혼식, 제사, 국내 여행 따위)
2. 사회 행사 참여(종교 행사, 고아원이나 양로원 위문 봉사 활동 따위)
3. 문화 행사 참관(체육, 음악, 미술, 연극 따위 행사)

현장 체험 학습 신청서

인적 사항	학년 반	1 학년 6 반	성명	백○○ (남) 여
	주소	방학동 ○○○ 아파트 ○○○동 ○○○호	전화 번호	3492-○○○○
기간	1998년 6월 5일~1998년 6월 7일(3일간)			
장소	경기도 김포시 대곶면 '덕포진'과 '교육 박물관' 그리고 기타 장소			
학습 계획	1. 조상의 묘 성묘하기 2. 옛 고적지를 탐방하여 고적지의 유래와 조상들의 업적을 살펴본다. 3. 교육 박물관을 견학하고 옛날에 썼던 여러 가지 물건들의 쓰임을 알아 본다.			
	위와 같이 현장 체험 학습을 신청하오니 허락하여 주시기 바랍니다. 1998. 6. 3. 학생　백○○ 학부모　이○○ 서울 ○○ 초등 학교장 귀하			

현장 체험 학습 보고서

인적 사항	학년 반	1 학년 6 반	성명	백○○ (남 여)
	주소	방학동 ○○○ 아파트 ○○○동 ○○○호	전화 번호	3492-○○○○

기간	1998년 6월 5일~1998년 6월 7일(3일간)
장소	경기도 김포시 대곶면 '덕포진'과 '교육 박물관' '조상묘 성묘하기'
현장 체험 학습 내용	1. 교육 박물관 　1) 위치 　2) 박물관 구성 　3) 각 교육실의 내용 　4) 그 밖의 전시물 2. 덕포진 포대 　1) 위치 　2) 어떤 곳이었나 　3) 장소 설명 (현장 체험 학습을 한 자세한 내용은 뒤에 따로 붙였습니다.)

위와 같이 현장 체험 학습 보고서를 제출합니다.

1998. 6. 8.

학생　백○○

학부모　이○○

서울 ○○ 초등 학교장 귀하

교환 학습도 있습니다. 도시 아이들은 시골로, 시골 아이들은 도시로 잠시 장소를 옮겨 학교를 다니는 겁니다. 이 경우는 한 달까지 할 수 있습니다. 그런데 신청하는 사람이 거의 없어요. 학교를 옮겨다니는 것도 색다른 체험이 되겠지만 새로운 환경에 적응하는 것도 쉽지 않아서 선뜻 하지 못하는가 봅니다.

학부모가 학교 일에 참여할 수 있는 길

학부모님들이 학교 일에 되도록 많이 참여하여 손잡고 일을 하다 보면 서로에 대한 이해도 넓어질 텐데 참여할 길이 아직은 그렇게 많이 열려 있지는 않아요. 참여라고 해도 봉사하는 정도예요.

그래도 그 가운데 가장 큰 일을 할 수 있는 것으로 학교 운영위원회가 있어요. 학교 운영위원회는 학부모 대표와 교장, 교사 대표, 지역 인사로 꾸려집니다. 운영위원 숫자는 가장 적게는 7명에서 많게는 15명까지 둘 수 있습니다. 몇 명으로 할지는 학교에서 결정합니다. 전체 숫자가 정해지면 학부모 대표를 몇 명으로 할지도 정해지지요. 학부모 운영위원 수는 학교 크기에 따라 다른데 조금 큰 학교는 학부모 운영위원이 여섯 명이어서 학년 대표 한 명이 바로 학교 운영위원이 되지요. 학부모 운영위원이 되려는 사람은 학기 초 학부모 총회가 있는 날에 오셔서 학급 대표를 맡으시고 대표들끼리 모인 자리에서 운영위원으로 일하고 싶다고 의사를 표시하여 학부모들의 지지를 받으면 운영위원이 될 수 있습니다. 학교 운영위원은 학교 운영에 관여하기 때문에 시간을 내야 하고, 또 학교 운영에 대해 이것저것 알아야 할 것도 많고 힘든 점도 있지만 또 보람 있는 일이기도 해요. 전체 학부모의 뜻을 담아 학교 운영에 반영한다는 보람 말이지요. 학교 운영위원회가 제대로 자리를 잡고 잘 운영된다면 학교에 대한 학부모들의 불만이나 불신이 많이 줄어들 것 같아요.

다음으로 어머니회가 있고, 명예 교사, 녹색어머니회가 있어요. 학교에 따라 다른 이름을 가진 조직이 있을 거예요. 어머니회는 누구라도 희망하면 들어갈 수 있어요. 어머니회가 하는 일도 학교마다 다르더군요. 학교에 따라 아주 활발하게 움직이는 곳도 있고, 자주 안 모이는 학교도 있고요. 녹색어머니회는 아이들이 학교 오갈 때 마음놓고 길을 건너도록 도와 주는 일을 합니다.

명예 교사는 도서실에서 책 읽는 아이들을 도와 주고 책을 정리하거나 담임 선생님을 도와 주는 일을 하기도 합니다. 선생님이 갑자기 학교에 못 나올 때 오셔서 반 아이들을 돌보기도 해요. 우리 반 명예 교사 어머니는 도예가인데 얼마 전에 반 아이들과 '흙으로 만들기'를 하셨어요. 시간이 있고 학교 일에 관심이 있으시면 자기에게 맞는 일을 골라서 참여하세요.

3장
학교 생활에 잘 적응하지 못해요

아이가 학교에 가기 싫어합니다. 재미가 없다는 거예요.
아이 담임 선생님한테서, 우리 아이가 학교 생활에 적응하지 못해
애를 먹고 있다고 들었습니다. 공부 시간에도 소리지르고
돌아다닌다고 합니다. 혼을 내도 안 되는가 봅니다.
너무나 걱정이 됩니다. 어떻게 해야 좋을지요.

학교 가기 싫어하는 아이

4월도 끝나 갈 무렵에 모르는 어머니한테서 전화가 왔습니다. 아이가 1학년에 입학했는데 학교 생활을 재미 없어하고, 학교 가는 것을 마치 어디 끌려가는 기분으로 간다는 것입니다. 그 아이는 학교 안 가고 집에서 책 읽고 그림 그리고 하면 안 되느냐고 한다는 겁니다. 아이 부모님은 아이들을 잘 키우고 여행도 많이 데리고 다니면서 최선을 다한다고 생각했는데 그렇게 됐다고 서운해하더군요. 유치원을 2년 보냈는데 유치원에서 수학도 가르치고 글씨도 쓰게 하면서 공부를 너무 시키는 게 싫어서 졸업하기 석 달 전에 그만 다니게 했다고 합니다. 얘기를 들어 보니 그 어머니는 아이나 교육에 대해 바르게 알고, 그대로 실천하려고 애쓰는 분으로 보였습니다.

이 아이처럼, 학교 가기 싫다는 아이는 그다지 많지는 않습니다. 아이들은 넓은 운동장이 있고, 동무들이 많이 있는 학교를 좋아하거든요. 규칙적인 생활을 해야 하는 학교가 싫을 때도 있지만 동무들을 만날 수 있고, 날마다 새로운 일이 벌어지는 학교가 집보다 재미있다고 합니다. 그런데 드물게 학교 가기를 싫어하는 아이도 있습니다. 재미 없어서 가기 싫다고 하는 아이도 있고, 선생님이 무서워서 가기 싫다는 아이도 있습니다.

학교 가기 싫다고 하는 아이 마음도 충분히 이해할 수 있습니다. 지금까지 부모님한테 살뜰하게 보살핌을 받다가 낯선 곳에서 여러 아이들과 맞추어 가며 지내자니 힘들지요. 거기다 공부도 어떤 아이한테는 너무 쉽고, 어떤 아이한테는 너무 어렵지요. 또 개별 활동보다는 가만히 앉아서 듣고 쓰고 할 때가 많으니 사실 재미가 없을 밖에요. 하지만 4월로 넘어가면 학교 생활에 익숙해져서 좀 나아집니다. 앞에서 이야기한 어머니가 전화하신 때가 3월도 아니고 4월 말인데 이 때

쯤이면 학교 생활에 익숙해져서 재미있을 것 같은데 도리어 재미가 없다고 하니 좀 이상하지요?

하지만 달리 생각해 보면 3월 한 달은 아이들이 학교에 처음 와서 낯선 선생님과 동무들 낯 익히랴, 새로운 생활에 따라가기 바빠서 재미있고 없고 생각할 겨를이 없었을 겁니다. 공부도 〈우리들은 1학년〉 책은 날마다 놀이(운동)와 율동과 노래, 그리고 꾸미기 들을 하면서 낱말이나 숫자를 익히니 변화가 많아 지루한 줄 모르고 보냅니다. 그러다가 4월부터 교과서로 들어가면 재미가 적어지긴 하지요. 어쩌면 이런 아이는 또래들보다 수준이 좀 높지 않나 하는 생각이 듭니다. 글자도 다 알고 재미있는 동화책도 많이 읽은 아이한테는 학교 책에서 배우는 낱말이나 내용들이 훨씬 재미 없어 보일 수도 있지요. 수학도 너무 쉬워서 시시하고요.

또 교실에 들어오면 자기 마음대로 하기 어렵습니다. 똑바로 앉아야 되고, 선생님을 쳐다보고 얘기를 잘 들어야 하고, 공부 시간에는 마음대로 어디 갈 수도 없습니다. 자기 스스로 무엇을 하기를 좋아하고 창의력이 높은 아이일수록 틀에 박히고 누가 시키는 대로 따라 하는 생활을 싫어하지요.

아이가 이런 까닭으로 학교 가기를 싫어한다면 집에서는 숙제말고는 공부를 시키지 않는 게 좋습니다. 그 아이가 실력을 발휘할 기회가 오기 전까지는 공부보다는 다른 데에 재미를 붙이게 합니다. 마음에 맞는 동무를 사귀어 이야기하며 학교에 오가고 같이 놀고 같이 공부하다 보면 집에서 혼자 있는 것보다 훨씬 재미있어할 겁니다.

또 조용히 자기 할 일을 빈틈없이 해내는 아이는 선생님이 '저 아이는 스스로 잘 하니까.' 하고 믿고 특별한 관심을 보이지 않고 넘어갈 수 있습니다. 이런 아이는 선생님이 힌두 번 여러 아이들 앞에서 능력을 인정해 주고 칭찬해 주면 금방 활기를 찾고 즐거워합니다. 부모님이 선생님과 의논을 해서 도와 주면 좋겠지요.

학교 가기 싫다고 하는 아이 가운데는 지금까지 식구들이 저만 위해 주어서 무엇이든 마음대로 했는데 학교에 가 보니 자기 위치가 형편없는 데 대해 불안해하는 아이도 있습니다. 이런 아이는 잘 타이르면 얼마 안 가서 괜찮아집니다.

옆짝이 싫어서 학교 가기 싫다는 아이도 있고, 친구를 못 사귀어서 학교 가기 싫다는 아이도 있어요. 짝 때문에 그렇다면 혹시 우리 아이가 너무 예민해서 다른 아이와 잘 맞추지 못해서, 그러니까 조금만 건드리거나 귀찮게 해도 못 참아서 그런지, 정말 짝이 안 좋아서 그런지 잘 살펴보세요. 아이 성격에 문제가 있다면 무조건 아이 역성을 들지 말고 잘 타이르고 조금만 지나면 괜찮아진다는 것을 얘기해서 안심을 시키면 됩니다. 정말 짝한테 문제가 있다면 선생님과 의논해서 바꿀 수도 있어요. 친구가 없어서 그런 아이는 친구 사귀는 문제를 조심스럽게 고민해야겠지요. 우리 반 아이들은 처음에는 꽤 여러 명이 짝을 바꿔 달라고 해서 속상했는데 2학기인 지금은 아무도 그런 소리 안 합니다. 꼭 만족해서라기보다 그만큼 아이들이 둥글둥글해졌다는 뜻이지요. 짓궂은 아이도 재미있고 좋은 면은 꼭 있으니까요.

선생님이 무서워서 가기 싫다는 아이에는 두 가지 유형이 있습니다. 1학년 아이들은 학교 건물도 마찬가지지만 학교에 있는 사람들이 모두 낯설기 때문에 무서워합니다. 다른 반에 심부름을 보내면 무서워서 혼자 못 가겠다고 하지요. 한 일 년쯤 지나면 아무렇지도 않은데 처음에는 익숙하지 않겠지요. 선생님에 따라서는 아주 엄격하신 분도 계시긴 합니다만 그런 분이라고 해서 처음부터 끝까지 엄격하기만 할 수는 없지요. 조금 시간이 지나다 보면 무서운 선생님한테도 따스한 웃음과 재미가 있다는 걸 알게 되고 그러면 선생님이 좋아지게 됩니다.

이런 아이보다 조금 더 심각한 아이가 있는데 '학교 기피증'이나 '학교 공포증'을 가진 아이입니다. 우리 나라에는 아직 이런 아이들이 많지 않아 통계라든가 치료 사례가 알려진 것은 없습니다.

제가 겪어 봐도 이런 아이들은 담임 눈에 좀처럼 띄지 않습니다. 학교에 와서는 별다른 행동을 보이지 않기 때문이지요. 대신 집에 가서 어머니한테 신경질을 부리고 학교 가기 싫다고 하고, 선생님이 무섭다고 합니다. 그리고 아침에 학교에 올 때는 한바탕 소동을 부립니다. 학교에 와서는 그런 모습을 보이지 않는데 잘 보면 눈을 자주 깜빡거리고, 얼굴을 찡그렸다 폈다 하는가 하면 괜히 고개를 뒤로 확 젖히기도 합니다. 정도가 더 심해지면 아침에 교실에 들어와 칠판의 자습 문제만 보거나 시험 친다는 말만 들어도 머리가 아프고 배가 아프다고 호소합니다. 그리고 기분이 어느 순간 확 바뀌고요. 특히 학기 초만 되면 이런 증세가 되풀이됩니다.

이런 아이는 소아정신과에 간다든지 해서 좀더 전문적인 치료를 받아야겠지요. 이런 아이는 대부분 마음이 몹시 약합니다. 엄살도 심하고요. 또 어머니가 아이에게 거는 기대는 높고 아이는 힘에 부치거나 마음이 약해서 어머니의 기대를 채워 주지 못할 때 이런 병적인 행동으로 도피한다고 봐도 크게 틀리지 않습니다. 아이에게 병을 줄 수 있는 사람도 어머니요, 고칠 수 있는 사람도 바로 어머니라고 합니다.

이렇게 특별한 경우가 아니면 좀 지나면 괜찮아집니다. 틀에 박힌 생활에서나마 융통성을 갖게 되고 그 속에서 재미도 찾게 되니까요.

우리 반 아이 예를 들어 보겠습니다. 1학기가 끝날 무렵 한 어머니가 오셔서 아이 이야기를 했습니다. 집은 우리 학교에서 가까운데 아이를 다른 학교에 보내고 계셨어요. 그 학교가 '열린 교육'을 한다고 소문난 학교라 좋을 것 같아서 보낸 건데 아이가 힘들어한다는 거예요. 그래서 전학을 시켰으면 하더군요. 또 친한 친구가 우리 반에 있어서 그 친구와 같이 다니고 싶어한다고요. 저로서는 꼭 전학을 시키라고 할 형편은 아니더군요. 그건 어디까지나 부모님과 아이가 함께 결정할 일이니까요. 그 아이가 힘들어하는 것은 학교 생활이 꽉 짜여 있고, 학습량이 많은 것이었어요. 학습지도 많이 하고 영어도 아주 열심히 시키는데, 아이가 따라 하기 힘들었나 봅니다. 한번 입학한 학교를 다른 곳으로 옮긴다는 것은 참 어려운 일이지요. 방학 동안 전학을 해서 2학기에 우리 반으로 왔어요. 처음에는 글씨를 함부로 써요. 왜 그렇게 글씨를 마구 쓰게 되었는지 모르겠어요. 혹시 많은 양을 쓰느라 그렇게 되었는지 모르겠어요. 그 아이는 까불고 이상한 소리도 잘 질러요. 그런 아이를 꽉 짜인 틀에 넣고 많은 것을 배우게 하니 견디기 힘들었던가 봐요. 우리 반에서 하는 것은 그 학교에서 하는 것에 견주면 그저 놀기만 하는 정도지요. 그 아이는 저한테 꾸지람도 들어야 했어요. 저는 일부러 편한 학교로 찾아온 아이를 나무라야 하니 마음이 좋을 리 없고 한편 미안하기도 했어요. 그런데 그 아이가 저 혼자서 하는 말이 "이 학교는 참 좋다." 이러는 거예요. 그래서 "뭐가 좋은데?" 하니 "학습지를 안 해서요." 해요. 학습지라는 것이 단순히 문제지를 말하는 게 아니고 내용을 아이 스스로 해결하게 하는 것인데 글을 읽고 저 스스로 답을 쓰려니 그게 힘들었던가 봐요.

어쨌든 그 아이는 날마다 글씨가 좋아졌어요. 명랑하게 지내고요. 어머니 말씀이 아이가 학교 가기 싫다는 소리 안 해서 좋다고 해요. 그러니까 아무리 체계 있게 많은 것을 공부시킨다 해도 그것이 어른 보기에는 만족스럽지만, 아이가 받아들이기 벅차면 학교 가기 싫겠지요. 또 친한 친구와 함께 다니지 못하는 안타까움도 말할 수 없고요.

하지만 이 학교가 좋다, 저 학교가 좋다는 얘기만 듣고 아이를 입학시키고 전학시키는 것이 좋은 일인지는 생각해 봐야 할 문제이지요.

주의가 산만한 아이

1학년을 맡고 보면 이상한 행동을 하는 아이들이 몇 명씩 보입니다. 책상 밑에 들어가서 나오지 않으려고 한다든지, 의자에 앉지 않고 서 있는 아이, 자꾸 돌아다니는 아이…….

어느 반이고 이런 아이가 두세 명 정도는 있습니다. 그런데 이런 아이들은 학교 가기 싫다고 하지는 않아요. 학교에 가서 질서를 지키는 일이나 규칙적인 생활 또는 여럿이 함께 지내는 생활을 못 견딜 뿐이지요. 웬만한 아이는 지내다 보면 점점 괜찮아지는데 정말 교사나 다른 아이들이 참기 어려운 아이가 가끔 있습니다. 그런 아이가 반에 있으면 담임이나 그 반 아이들은 무척 힘들지요. 부모님들도 어떻게 해야 할지 몰라 괴로워하시고요. 그럼 실패했다고 볼 수 있는 제 경험을 이야기하면서 해결점을 찾아보도록 하겠습니다.

입학하고 며칠은 운동장에서 보냈기 때문에 몰랐는데 교실에 들어와 며칠 지내다 보니 어떤 남자 아이 목소리가 유난히 크게 들려왔습니다. 그 아이는 자리에 앉아 있으면 앞뒤 아이에게 자꾸 큰 소리로

"야, ○○야, 있잖아…….."

하고 말을 걸거나, 조용히 공부하고 있는데

"야, ○○야, 우리 어제 엄마랑 아빠랑 노래방에 갔다…….."

해서 조용한 교실 분위기를 깨 버립니다. 그러니까 이 아이는 조용한 분위기가 싫었던가 봅니다. 또 아침에 교실에 들어오자마자 소리치며 온 교실을 뛰어다니기도 하고요.

또 다른 남자 아이는 뒤에 있는 아이에게 성가시게 말을 걸어 공부를 방해했습니다. 말로 타일러 보았지만 전혀 고쳐지지 않았습니다. 그래서 저는 '이 아이들은 여러 사람이 함께 생활할 때 어떻게 해야 하는지 아직 잘 모르나 보다.' 이렇게 생각하고 두 아이를 앞으로 나오게 해서 반 아이들과 같이

'공부 시간에는 어떻게 해야 하나?'

'쉬는 시간은 어떻게 보내야 할까?'

'여러 사람이 함께 생활하는 곳에서는 어떻게 해야 할까?'

하는 이야기를 서로 나누었습니다. 그리고 앞에 나온 아이들에게는

"이제 학교에서 어떻게 지내야 하는지 공부했으니 지킬 수 있겠니?" 했더니 지키겠다고 약속을 했습니다. 그래도 앞으로 계속 그러면 '어머니, 도와 주세요.' 하는 쪽지를 보내겠다고 했지요.

그런데 정도가 심하지 않던 아이는 그 다음부터 무척 조심하고 잘 하려고 애를 쓰는데 한 아이는 여전했습니다. 곧 학부모 총회가 열려서 그 아이 어머니가 오셨기에 말씀을 드렸더니 깜짝 놀라셨습니다. 아이가 예민한 줄은 알았지만 그 정도인 줄은 몰랐다고 하시더군요. 그 때부터 그 아이 부모와 함께 아이를 타이르면서 바로잡아 보려고 애를 썼습니다. 아이도 학교에 가서 소란을 피우지 않겠다고 부모님과 약속했습니다.

그러나 아이 행동은 더 이상해지기 시작했습니다. 교실에서 소리치고 뛰지 않는 대신에, 공부 시간에 동무들에게 "야, ○○야." 하고 말을 걸지 않는 대신에 공부하다가 그 전보다 훨씬 듣기 괴로운, 괴상한 소리를 지르거나 몸을 막 비틀어 댔습니다. 그래도 성에 안 차면 걸상에서 일어섰다 앉았다 하는데 저러다 어떻게 되지 않을까 걱정될 정도였습니다. 반 아이들도 그 아이의 이상한 행동을 보고 불안해했습니

3장 학교 생활에 잘 적응하지 못해요 69

다. 얼마 안 있어 아이는 아버지 직장을 따라 외국으로 갔습니다.

저는 그 아이 일로 크게 깨쳤습니다. 질병도 마찬가지겠지만 아이들 일에도 정확한 진단이 무엇보다 중요하다고요. 두 아이가 보여 준 행동은 비슷했지만 그 원인은 서로 달랐으니까요. 그리고 그런 행동을 하는 원인을 없애 주어야지 그럴 듯한 치료법만 들이대 봤자 고치기는커녕 오히려 더욱 심각하게 왜곡된 행동을 하게 되더군요.

이만큼 심한 아이는 흔하지 않지만 1학년 아이들 가운데는 잠시도 한 자리에 앉아 있지 못하고 서성인다거나 무엇을 집중해서 하지 못하는 아이는 얼마든지 볼 수 있습니다. 사람들 사는 모습이 다양해지는 만큼 가정이나 가정을 구성하는 사람들의 의식도 복잡 다양하고 그에 따라 아이들이 경험하고 배우는 세계도 그 전처럼 단순하지 않습니다. 그러다 보니 이런저런 아이들이 있게 마련이지요. 실은 학교가 아이들에게 맞춰야 하는데 도리어 아이들이 학교에 맞추어야 하니 아이들로서는 고통일 수밖에요. 40~50명이나 되는 아이들을 한 곳에 앉혀 놓고 똑같은 책을 가지고 똑같은 방법으로 가르치잖아요. 그러면서 그 많은 아이들이 똑같이 행동하기를 바란다면 저마다 개성과 창의력을 지닌, 자유로운 아이들에게는 애당초 맞지 않는 것은 너무도 당연하지 않습니까? 학교 생활이 맞지 않아 몸부림치는 아이들을 보노라면 마음이 아프고 어른으로서 미안하다는 생각이 듭니다. 예전처럼 자연에서 뛰놀거나 여러 형제들 속에서 자란다면 별 문제가 없을 텐데 요즈음은 한두 명의 자녀를 살벌한 도시에서 키우다 보니 아이들이 여기저기에 쉽게 적응하지 못하는 면도 있겠고요.

어쨌든 이런 아이는 지나치게 예민해서 전체 속에 묻혀 버리는 자신을 어떻게든지 드러내지 않으면 안 될 것 같은 불안, 또 낯선 교실 낯선 동무들이 자기를 압도하는 것 같은 불안을 잊기 위해 몸부림하는 것일 수 있습니다. 이런 아이라면 좀더 신중하게 다가가야겠지요. 인내심을 가지고 담임 선생님과 힘을 합쳐 아이가 불안해하지 않도록 해 주는 것이 맨 먼저 할 일이겠습니다. 그 다음에는 전체 속에 자기 위치를 알게 하는 일입니다. 자신도 전체 속에서 중요한 존재라는 것을 느낄 수만 있다면 아이는 오히려 편안하고 든든한 마음을 갖게 됩니다. 다만 그렇게 되기까지가 쉽지 않으니 어른들로서는 어떻게 하면 아이가 마음을 덜 다치고 그 길에 닿을 수 있을까 하고 고민해야겠지요.

이 정도로 심한 아이가 아니라면 대부분의 아이들은 지금까지 자라 온 생활 태도에 문제가 있다고 봅니다. 아이가 하나라고 너무 오냐오냐해서 길러도 여럿이 함께 하는 생활을 조화롭게 해 나가지 못합니다. 둘레에 있는 사람들이 모두 제 편이었고 무엇이든 마음대로 할 수 있었는데 학교에 오면 그게 안 되잖아요. 또 집에서나 유치원에서 소란을 피워도 제 때 고쳐 주지 않아 버릇이 된 아이도 있습니다. 또 요즈음은 어머니가 품에 안고 젖을 먹이지 않아서 아이들이 천방지축으로 뛰어다닌다고 하는 사람도 있고, 영상매체의 영향으로 아이들이 들뜨고 소란스러워졌다고 하는 사람도 있습니다. 그런가 하면 반대로 집에서 너무 엄하게 키우거나 얌전히 있으라고 다그치는 아이도 정서가 안정되지 못할 수 있습니다.

만약 어머니가 집에서 아이만 키우는데도 버릇을 잘못 들여서 아이가 규칙적인 생활을 견디기 힘들어한다면 그것은 부모에게 책임이 큽니다. 처음부터 예절 바르고 바른 판단에 따라 행동할 수 있는 아이로 키웠으면 뒤늦게 아이와 부모가 고생하지 않을 텐데 '귀여워서' '크면 괜찮겠지.' 하고 쉽게 생각한 탓이라는 생각도 듭니다. 늦긴 했지만 참을성을 가지고 하나하나 새로 가르쳐야겠지요. 이 때 금방 나아지지 않는다고 야단해서는 아이의 마음을 상하게 하니 잘못했을 때보다 잘 했을 때 크게 칭찬하고, 그렇게 하면 여러 사람이 다 같이 편하고 좋다는 것을 알게 합니다. 모든 일이 다 마찬가지지만 선생님과 함께 힘을 합쳐야 일이 쉽습니다.

산만한 아이들을 조금 자세히 들여다보면 그 모습이나 원인이 아주 여러 가지인데 공부 시간에 집중하지 못하고 자꾸 말을 하는 경우와, 함께 할 때 끼지 않고 따로 돌아다니는 경우가 있어요.

집중하지 못하고 말을 많이 하는 아이는 주로 혼자 자라는 아이가 많아요. 집에서 형제들과 함께 어울리지 못하니 학교에 오면 그것을 풀기 위해 말을 많이 하나 봐요. 아무리 못 하게 해도 안 돼요. 또 혼자 자라다가 동생을 늦게 본 아이도 그래요. 제 동생이 아들을 하나 낳고 더 안 낳겠다고 하다가 그 아이가 1학년 입학하고 여름 방학 때 동생을 보았어요. 동생 하나 있기를 그렇게 원하던 아이지만 갑자기 관심이 자기한테서 떠나니 감당할 수 없었던가 봅니다. 2학기 들어서는 어찌나 산만한지 소문이 났답니다. 어머니가 제대로 챙겨 주지 못하니 준비물이며 공부하는 태도가 엉망이었겠지요. 그래도 고마운 것은 담임 선생님이 굉장히 훌륭한 분이셨던가 봅니다. 그렇게 속 썩이는 아이도 다 사랑으로 이끌어 주셨으니 말이에요.

혼자 자라기 때문에 산만한 아이는 동무들과 많은 시간을 보내게 해 주세요. 부모님들이 아무리 잘 해 줘도 아이들끼리 지내며 얻는 것까지 채워 주지는 못하니까요. 또 아이가 몰두할 수 있는 것 한 가지 정도는 찾아 주면 좋아요. 혼자 자라는 외로움을 잊을 수 있게요. 혼자 자라다 보면 오락 게임이나 텔레비전, 비디오로 시간을 많이 보내게 되는데 그것은 좋지 않아요. 어떤 어머니는 아이가 혼자라서 책 읽기와 곤충 관찰에 흥미를 갖게 해 주었는데 수준이 그 또래에 견줄 바가 아니었어요.

혼자 자라는 경우말고, 아버지를 잃었거나 어머니가 직장에 나가거나 장사를 하느라 아이를 안정되게 돌보지 못하는 경우가 있어요. 바쁘니까 언제나 화를 내고 소리치면서 아이를 다그치니까 아이가 불안하고 산만해져요. 아이가 마음이 불안하지 않고 차근차근 생각하고 준비할 수 있게 온 식구들이 힘을 모아야 합니다.

일 년이 지나는 동안 한결같이 잘 하기는 쉽지 않을 뿐더러 또 그렇게까지 바라지는 않아요. 한 아이는 1학기 때는 그렇게 공부에 흥미를 가지고 뭐든지 신기해하면서 즐겁게 잘 보내더니 2학기가 되니까 완전히 까불이에다가 산만하기가 그지없어요. 웃고 떠드느라 하루가 어떻게 가는지 모를 정도예요. 아무리 주의를 주어도 자기도 자신을 주체하지 못하는 거예요. 그런 아이는 한때 그러지 오래 가지는 않아요. 제풀에 그만 조용해져요. 기본이 바로 된 아이이기 때문이에요. 거의 많은 아이들이 다 이런 과정을 거칩니다. 1학년 때 조용했으면 2학년에 가서는 까불며 떠들고 하는 게 아이들이죠. 전과 다르다면 요즈음은 차분하게 있는 기간이 오래 가지 않는다는 거지요. 그런데 이런 보통 아이들과 달리 아예 일 년 내내 그러는 아이들이 몇 있어요. 그런 아이들이 문제지요.

내성적인 아이

요즈음 아이들은 그 전보다 훨씬 적극적이고 활발합니다. 자기 생각을 망설이지 않고 표현하지요. 어떤 아이는 종일 입을 열어 놓고 지내기도 하고요. 활발한 성품이 지나쳐 남에게 피해를 주는 아이도 많습니다. 그런가 하면 종일 말 한 마디 제대로 안 하고 집에 가는 아이도 있습니다. 아이들이 너도나도 자기 목소리를 내려고 야단들인데 조용히 자기 일을 하고 있는 아이를 보면 고맙기도 해요.

어머니들 가운데는 아이가 남보다 목소리를 크게 내고 앞에 나서야 상대방을 이기지 조용히 있으면 뒤쳐진다고 생각하시는 분들이 있습니다. 우리 반에 남자 아이 하나가 자기 생각을 조리 있게 잘 말하지는 못하지만 운동을 잘 하고 기운이 세서 반 아이들 가운데서 대장 노릇을 합니다. 그런데도 어머니는 아이가 내성적이라며 안타까워하시더군요.

내성적인 아이라고 다 똑같지는 않습니다. 얌전한 성격이어서 말을 많이 하기 싫어하는 아이도 있고, 자신감이 없어서 말을 잘 못 하는 아이도 있습니다. 천성이 조용히 지내기를 좋아하는 아이라면 굳이 바꾸려 하지 않아도 됩니다. 자신감이 없어서 자기를 숨기려는 아이들은 남을 지나치게 의식해서 '누가 흉을 보면 어떻게 하나.' 하는 생각부터 먼저 하지요. 이런 아이는 억지로 말을 시키거나 사람들 앞에 끌어 내기보다 자신감부터 갖게 해야 합니다. 구체적인 방법은 아이에 맞게 찾아야겠지요. 다른 사람에 대한 두려움을 줄여 주는 일, 예를 들어 사람들은 모두 부끄러움을 가지고 있지만 그걸 이기고 행동한다는 따위 얘기들을 차근차근 해 줘도 좋겠습니다. 물론 단번에 태도가 바뀌지는 않습니다. 좀더 시간이 지나야 하지요.

아주 심하게 내성적인 아이는 사람들이 두렵기도 하고 누가 뭐라고 하면 어쩌나 하는 생각까지 겹쳐 있어서 바로잡아 주는 데 시간이 좀더 걸리지요. 어머니가 아이를 도와 주려면 어머니 자신이 남을 의식하지 않고 숨기려 하지 않아야겠지요. 남의 시선을 의식해서 완벽한 모습만 남에게 보이려 한다거나 "그렇게 하면 남이 흉보겠다." 하는 식이라면 아이에게도 영향이 있겠지요.

이런 아이들은 동무들과 잘 어울리지 못합니다. 자기가 선뜻 끼여

들지도 못하지만 함께 어울리려면 서로 양보해야 하고, 감정을 맞추어야 하고, 싸우기도 해야 하는데 그럴 자신이 없지요.

아이들을 조금 더 잘 이해하기 위해 꼼꼼히 살펴본다면 내성적인 게 성격 탓일 경우는 어느 정도 시간이 흐르면 바뀌는데 자신감이 없어서 내성적이라면 자신감을 얻을 수 있게 해 주어야 합니다. 자신감이 없는 아이라도 여러 가지예요. 경험이 부족해서 자기 능력을 스스로 확인하지 못해 자신감이 없는 아이가 있어요. 예를 들면 어머니가 너무 감싸서 밖에 나가지 못하게 하고 언제나 어머니 손에 잡혀 다니는 아이는 자기가 무엇을 잘 하고 못 하는지 시험해 볼 기회가 없지요. 그러니까 모든 것이 두렵고 그러다 보니 안으로 기어들지요.

또 하나는 갑자기 아버지나 어머니를 잃은 아이인 경우 뭔가 불안하고 안정이 안 돼요. 그러다 보니 자신감을 갖지 못하고 무엇을 하라고 해도 못 한다고 울상을 지어요. 다 두려움 때문이지요.

이렇게 단순히 성격만의 문제가 아니고 자라는 과정에서 환경 때문에 생긴 문제라면 그냥 둘 게 아니라 그 원인을 없애 주어야 해요. 무엇보다 따뜻한 마음을 가지고 자기 자신을 사랑할 수 있도록, 두려움을 떨칠 수 있도록요.

어머니들은 한결같이 이렇게 말씀하십니다.

"요즈음은 얌전하면 손해다."

"내성적인 성격으로는 사회 생활 하기 힘들다."

"내 성격이 그래서 너무 싫은데 아이만은 꼭 고쳐 주고 싶다."

제 경험으로 보면 어머니들이 너무 서두르시고, 아이들에 대해 모르시기 때문에 걱정하신다 싶어요. 조금 이르고 늦는 차이지, 마치 꽃들도 한날 한시에 일제히 피지 않고 저마다 피는 순간이 다르듯이 아이들도 학년이 올라가면서 성격이 바뀝니다. 3학년에 입이 안 떨어지는 아이가 없고, 4학년에 뛰지 못하는 아이가 없을 정도로 3, 4학년만 되면 부모님도 놀랄 정도로 아이들이 바뀝니다. 늦어도 6학년, 중학교 1학년까지는 조용하고 수줍어 말 못 하던 성격이 활발하게 바뀝니다. 그 동안에는 둘레에 있는 모든 것들에 대해 탐색을 하고 일단 다 파악이 되면 더 이상 두려워하거나 망설이지 않아도 된다는 자신감을 얻어 적극적이고 활발해지지요. 자라는 과정에서 심리적으로 심하게 위축을 받아 성격을 바르게 펼 수 없었던 아이가 아니면 조금도 걱정을 안 하셔도 됩니다.

태어난 지 7년밖에 안 된 아이를 삼십 년 넘게 산 어른의 생각으로 봐서는 안 되지요. 좀 답답하더라도 참고 지켜보면서 힘을 북돋워 주면 아이들은 다 좋아집니다. 그리고 무조건 활발하고 말 잘 하는 사람만 이 세상에 필요하다고 생각하지 마시고 아이가 가진 성격에 맞게 키워야 가장 좋다는 점도 잊지 마십시오.

난폭한 아이

어린 아이를 난폭하다고 말하긴 참 옳지 않은데 사회가 하도 복잡하고 문제가 많다 보니 이제는 아주 어린 아이까지 피해자가 되어 아이들도 난폭하지 않을 수 없게 되었어요. 학교마다 아이들이 다른데 어쨌든 해가 갈수록 아이들은 침착성을 잃고 있어요.

난폭한 아이들이 보여 주는 행동은 다른 친구들을 까닭 없이 때리는 거예요. 그냥 지나가다가 발길로 차거나 주먹으로 때려서 울려요. 왜 그러냐고 물으면 별 까닭이 없어요. 있다고 해도 아주 보잘것 없는 거예요. 자기는 까닭 없이 친구를 때려 울리면서도 다른 아이가 조금만 저를 건드리면 용서하지 못하고 달려가 때려 울려요. 아무리 타이르고 달래도 안 돼요. 참 답답해요. 그런 아이일수록 힘이 세시 발길질이나 손이 여간 아프지 않아요.

　우리 반에 아주 심한 아이가 있었어요. 힘이 어찌나 센지 나도 못 이겨요. "이리 와." 하고 팔을 잡고 끌면 안 끌려올 정도예요. 마음에 쌓인 원망이 그렇게 많은지 소리소리 지르는데 도무지 어떻게 할 수 없을 정도예요. 날마다 전쟁이었어요. 아이들을 때려서 울리는 것은 보통이고 '이렇게 해라.' 하면 거의 따라 하지 않아요. 오히려 반대로 나가요. 친구가 저를 조금만 뭐라고 해도 잊어버리지 않고 언제라도 꼭 그 앙갚음을 해서 놀라게 했어요. 어느 날은 "나 학교 끊을 거야." 하고 악을 쓰는 거예요. 나는 그만 웃음이 나왔지만 지지 않고 "그래? 좋아. 끊어." 하고 대꾸했지요. 물론 그 아이는 괜히 그런 거지요.

　어머니와 얘기를 많이 해 봤지만 까닭을 알 수 없었어요. 그저 어릴 때부터 위험한 장난을 좋아했다, 혼자 자라다가 동생이 새로 태어났다, 할머니가 너무도 귀여워하신다, 정도였어요. 그 정도 원인으로 아이가 그렇게 심한 행동을 보인다는 게 이해가 안 되더군요. 어머니나 아버지 말은 잘 따른다는 아이가 학교에 와서 하는 행동은 정반대였거든요.

　그 아이는 친구들이나 다른 어머니들로부터도 원망을 많이 들었어요. 나도 그 아이가 원망스러웠으니까요. 지금까지 만난 가장 힘든 아이 두세 명 가운데 하나였어요. 오죽하면 2학기 개학날, 1학기 동안 그 아이에게 괴로움을 많이 당한 아이가 그 아이를 보고 "○○○, 또 선생님 힘들게 하지 않고 잘 할까?" 하고 말할 정도였어요. 하도 모두를 힘들게 해서 아이들 머릿속에는 또 걱정이었던가 봐요. 나는 그 아이가 저보고 그렇게 말했다고 주먹을 휘두를까 봐 겁이 나서 급히 "아니야, ○○○, 잘 할 거야." 하고 가로막았어요. 2학기 시작하고도 한동안 1학기 때 하던 행동을 보이더니 갈수록 많이 달라졌어요. 순해졌다고 할까요. 누구는 누구를 좋아하고 자기는 누구를 좋아하고 하는 애기로 관심이 돌아갔어요.

1학기 때는 집에 갈 때 우리 반과 같이 가지 않고 혼자 가 버리고, 나한테 인사하는 법도 없더니 이제는 제법 웃으며 "선생님, 안녕히 계세요." 하고 가요. 그 아이가 어떻게 해서 그렇게 얽혔던 마음이 풀어졌는지 모르겠어요.

하루는 그 아이를 불러 "○○야, 1학기 때는 선생님이 싫었던가 보지? 내 말을 안 듣고 힘들게 했잖아?" 하니 아이는 오히려 내가 언제 그랬냐는 듯이 어리둥절해하는 거예요. 참. 그렇게 많은 사람들을 힘들게 해 놓고 정작 자신은 아무 일도 없었다는 듯이 생각하니 한편은 어처구니가 없더군요.

또 한 아이는 일 년 전 갑작스레 어버지를 잃었어요. 참 가슴 아픈 일이지요. 어린 아이가 얼마나 힘들겠어요. 그 아이는 자꾸 다른 아이들을 때려요. 여자 아이들이나 저보다 힘이 없는 남자 아이들을요. 날마다 몇 명이고 나한테 와서 "○○가 이유도 없이 때려요." 하고 일러줘요. 그 아이는 힘이 세서 힘 자랑을 하는 아이는 아니에요. 씩씩하지도 않고 오히려 뒤로 숨고 자신감이 없는 아이예요. 저는 그것도 관심의 표현이라고 생각해요. 방법이 다를 뿐이지요. 관심을 표현하는 방법이 서툴러서 그렇다고 생각돼요. 그 아이가 좋은 방법으로 마음을 표현하는 훈련을 쌓아야 할 텐데요.

또 한 남자 아이는 1학기 때는 그렇게 드러나지 않았는데 2학기에 보니 보통 주먹이 센 아이가 아니에요. 아이는 자그마한데 주먹이며 발길질이 여간 매섭지 않아요. 처음에 자꾸 아이들을 발로 차서 울리고 해서 그러지 말라고 했는데 늘 그래요. 그 아이 역시 다른 아이가 조금만 건드려도 주먹으로 때리거나 빌길로 차는데 어찌나 매서운지

울지 않는 아이가 없어요. 드디어 그 아이는 나를 이기던 아이까지 항복을 시켰으니 우리 반에서 싸움왕이 된 거예요. 그 아이한테서는 아이다운 따뜻함이나 너그러움을 볼 수 없어요. 조금만 거슬려도 주먹이 나가니까요. 그러면서 언제나 자기는 잘못이 없고 다른 아이가 잘못이라고 해요. 어머니를 만나 보지 못해서 사정을 전혀 알 수 없는데 어째서 아이가 그렇게 성격이 불같이 무서운지 모르겠어요.

자랄 때 이렇게 개구지고 잘 때리던 아이들도 점점 자라면서 언제 그랬냐는 듯이 얌전한 아이로 변해 가지만 당장 그 아이와 지내는 동안은 정말 어려움이 많아요. 교사도 힘들고 아이들도 힘들고, 부모님도 힘들고요. 교사 힘으로는 어떻게 할 수 없어서 어머니께 말씀드리게 되는데 그런 소리 듣는 어머니도 기분이 좋을 리 없지요. 그래서 선생님을 오해하게도 돼요. '혹시?' 하고.

어머니가 직장에 나가는 아이

얼마 전까지만 해도 장사를 하거나 공장에 나가시는 어머니는 많이 봤지만 보통 직장에 다니시는 어머니는 학교 선생님 정도였는데 이제는 남녀 차별 없이 일하는 세상이기 때문에 여러 직장에서 일하는 어머니들이 많으세요. 일은 해야 하는데 자녀를 키우는 문제로 고민하는 여성들이 많지요.

어머니가 직장에 나가는 아이들은 대부분 성격이 조용하고 수줍음이 많은 편입니다. 물론 어떤 아이는 아주 활발하고 적극적이기도 하지만 대부분 자신 있게 나서기를 망설입니다. 할아버지, 할머니, 고모까지 함께 사는 아이나 혼자 있는 아이나 차이가 없더군요. 그걸 보면서 어머니가 곁에 있으면 아이들에게 얼마나 큰 힘이 되는지 알 수 있었습니다. 다른 어떤 사람보다도 아이한테는 어머니가 곁에 있어 주면 가장 좋지요.

　그러나 이제는 어머니가 아이들 곁에서만 살 수 없는 시대입니다. 그러니 직장에 다니면서도 아이를 잘 키울 수 있는 방법을 생각해야 하고 나라에서도 이런 문제에 소홀하지 않아야 하겠지요.

　학기 초에 간호사인 여자 아이 어머니가 오셨습니다. 직장에 다니니 시간을 내서 담임을 찾아보는 일이 쉽지는 않았겠지요. 아마 오래 전부터 벼르고 별러 윗분과 동료들께 양해를 얻어서 오셨을 겁니다.

　그 어머니는 시부모와 시누이까지 함께 살기 때문에 아이 키우는 데는 큰 도움을 받고 있는데도 둘째 아이가 학교에 입학하면서 직장을 그만두려고 했다더군요. 직장에서 이룬 지위라든가 경험이 아깝기는 했지만 맏이인 남자 아이가 초등 학교 입학할 때 느꼈던 서운함을 애기하면서 동생한테는 그런 아픔을 주지 말라고 어머니 직장 생활을 말렸다는 거예요. 그 어머니는 자기가 직장에 다녀서 맏이인 남자 아이가 몹시 마음이 여리고 대범하지 못해 그 동안 가슴아팠다는 얘길 하며 우셨습니다. 둘째인 딸 아이한테까지 가슴아프게 할 일을 생각하면 어머니 마음이 어떻겠어요.

　그 여자 아이를 한 달 동안 지켜봤더니 담임한테 몹시 관심을 끌려고 하고 저한테 관심을 쏟아 주지 않으면 쉽게 토라져 버리곤 했습니다. 다쳤다고 좀 봐 달라고 손가락을 내밀어서 봤더니 보일락 말락 할 만큼 긁힌 자리를 가지고 내가 어루만져 주고 위로해 주기를 바랐습니다. 내가 바쁘고 정신이 없어서 별 관심을 보이지 않을라치면 곧 기운이 쑥 빠지고 샐쭉해져서 다른 일에도 의욕을 보이지 않아요. 담임으로서는 크게 부담스러운 아이지요. 저에게만 끝없는 관심을 보여 달라고 하니까요.

　그 날 그 어머니께 여러 가지 말씀을 드렸습니다. 집에 돌봐 줄 사람들이 있으니 직장 생활을 계속하시라고, 어머니가 직장에 다닌다고 가슴아프게 생각하시지 말고 아이들을 강하게 키우라고 말씀드렸습니다. 또 5학년인 오빠한테는 〈백범 일지〉나 〈안중근 전기〉같이 어려움을 꿋꿋이 이겨 낸 분들에 대한 책을 권하고 우리 반 아이인 둘째한테는 반 아이들에게 똑같이 사랑을 나누어 주어야 하니 한 사람에게 돌아가는 몫이 적지만 선생님은 너를 정말 좋아한다는 말을 전하시라고 했습니다. 그리고 어머니와 힘을 합쳐 잘 해 나가자고 약속했습니다.

그 뒤 그 아이는 나에게 말을 자주 걸기는 해도 저만 봐 달라는 요구는 하지 않았고 아주 힘차게 자기 일을 잘 해 나갔습니다. 어떤 때 내가 서운한 말을 해도 별로 마음에 새기지 않았습니다.

이제는 어머니가 걱정을 안 하셔도 스스로 설 수 있을 만큼 자기 삶에 단단히 뿌리를 내렸습니다. 어머니도 무척 기뻐하시지요.

이런 경우는 크게 성공한 예에 속합니다. 그 아이를 이렇게 강하고 자신감 있는 아이로 키울 수 있었던 힘은 담임인 저보다 어머니한테서 나왔다고 생각합니다. 어머니가 담임에게 커다란 신뢰를 가지고 "선생님은 너를 진심으로 사랑하신다. 다만 그 사랑을 행동으로 다 보여 줄 수 없을 뿐이다." 하고 아이에게 자신 있게 얘기해 주었기 때문에 그 아이와 내가 일체감을 가질 수 있었지요.

어머니가 직장에 나가는 아이는 누가 키우는가에 따라 많이 달라요. 할머니가 키우시더라도 할머니 성격이 적극적이고 활발하며 남에게 지지 않는 분인가, 조용하고 잘 나서지 않는 분인가에 따라서요. 또 어머니가 직장에 나가는 아이는 아무래도 부모 손길이 덜 가고 아이 혼자 시간을 보내는 때가 많기 때문에 얌전한 아이는 집에서 비디오를 보거나 오락 게임을 많이 하고, 활발한 아이는 늘 밖으로 많이 나돌지요.

집에만 있으면서 게임 같은 것에 재미를 붙인 아이는 남과 어울리는 것이 서툴고 자기를 표현하는 방법도 아주 서툴러요. 수줍어하고 씩씩하지 못하고 그러면서 은근히 산만해요. 또 밖으로 많이 나도는 아이는 안정되지 못하고 질서가 없고 언제나 부산스러워 눈에 많이 띄어요. 아이가 안정되게 자랐다면 다행이지만 그렇지 못하다면 늦긴 했어도 온 식구들이 힘을 모아 아이 버릇을 바르게 이끌도록 많이 노력해야겠지요.

직장에 나가는 어머니는 담임과 긴밀한 관계를 가지고 아이를 함께 키운다고 생각해야 합니다. 담임은 그저 한때 아이를 편하게 해 주고 준비물을 잊고 못 가져왔을 때 챙겨 주는 정도가 아니라 아이 스스로 자기 뿌리를 튼튼히 내리고 스스로 설 수 있게 도와 주어야 합니다. 어머니가 직장에 다니는 아이들은 준비물을 제대로 챙겨 오지 못할 때도 있고 공책을 안 가져오기도 하고 어떤 때는 연필도 못 가지고 오는 수도 있습니다. 이런 일로 아이는 기가 죽기도 합니다. 그러나 어머니도 같이 안타까워하며 쩔쩔매기보다는 아이한테 따뜻한 말로 위로해 주고 오히려 대범하게 대해야 합니다. '내 아이가 이러니 선생님이 싫어하시겠지.' 하는 마음은 접어 두고 선생님을 온전히 믿고 의지하는 어머니 마음이 아이와 선생님께 전해질 만큼이면 아이도 안심하고 스스로 길을 찾아 냅니다.

자주 쓰는 준비물은 넉넉히 갖추어 놓고 공책이나 연필도 아이가 필요할 때 꺼내 갈 수 있도록 준비해 놓으면 좋습니다. 어떤 분들은 아이가 학교에서 돌아올 무렵에 전화를 하여 준비물이 무엇인가 알아보고 어떻게 하라고 일러 주기도 하더군요. 또 이웃에 같은 반이 있으면 그 어머니에게 사정을 이야기해서, 아이가 엄마 대신 그 분과 의논도 하고 준비물이나 숙제 도움을 받기도 합니다. 여러 가지 방법을 찾아 봐야겠지요.

일하는 어머니를 위해 아이들을 마음놓고 맡길 수 있는 좋은 시설들이 많이 생겨야 할 텐데요. 사회가 함께 아이들을 기른다는 생각이 정말 필요하고 그것을 곧 실천에 옮겨야겠지요. 더 늦기 전에.

공부를 잘 따라 하지 못하는 아이

아이가 학교에 들어가면 어머니들은 하루도 마음이 놓이지 않습니다. 길을 잘 건너는지, 차에 다치지는 않을지, 선생님 말씀은 잘 듣는지 따위로 걱정이 끝이 없지요. 이런 걱정도 걱정이지만 부모로서 가장 속상한 일은 아이가 공부를 잘 하지 못할 때라고 합니다. 한 아이 일기를 좀 보기로 하지요.

1993년 11월 10일 수요일. 흐림.
속상한 일

이광행

나는 오늘 시험지에 60점과 80점을 맞아서 속상했다. 기분이 안 좋았다. 어머니도 시험지를 보시고 기분이 안 좋으시다고 그러셨다. 아버지도 그러셨다. 나는 다음에 또 시험지가 있으면 100점 맞을 거다.

아이들이 수학 배운 데를 어느 정도 이해했는지 알아보려고 열 문제씩 내는 시험을 몇 번 보고 채점해서 돌려 주었습니다. 사실 그런 평가를 하는 뜻은 교사가 지도 자료로 삼기 위해, '어떤 문제를 아이들이 가장 많이 틀리는가?' '어느 아이가 어떤 문제를 못 하는가?'를 알기 위해 하는 건데 아이들과 부모님한테는 곧바로 기쁜 일도 되고 속상한 일도 되어 버립니다. 교육에 대해 꽤 올바른 생각을 갖고 있는 한 선생님도 자식에 대해서는 절대로 객관적일 수 없다고 힘주어 말씀하시더군요. 참 어려운 문제인가 봅니다.

저야 아주 공평하게 아이들을 볼 수 있지요. 이것을 잘 하는 아이, 저것을 잘 하는 아이, 이것을 못 하는 아이, 저것을 못 하는 아이. 그래서 아이들은 다 똑같다는 생각을 해요. 어느 아이는 받아 쓰기를 하면 맞춤법을 다 아는지 하나도 안 틀리고 쓰는가 하면, 어느 아이는 일기를 쓰면서도 아주 섬세하게 표현해요. 평소에 웃음 한 번 안 보이는 시무룩한 아이가 만들기나 꾸미기 할 때 보면 놀랄 만큼 잘 해서 다시 보게 됩니다. 개구쟁이인 데다가 말귀를 잘 못 알아들어 아무리 재미있는 얘기를 해 줘도 딴전을 피우는 아이가 그림을 그릴 때는 제법 몰두하기도 해요. 그래서 저는 다시 한 번 '자연은 다 조화롭구나!' '사람도 태어날 때는 다 이렇게 조화로운데 자연스러운 그대로 자라게 하지 않고 억지를 쓰는구나!' 하는 생각도 들어요.

좀더 마음의 여유를 가지세요. 속상해하시기에는 너무 이릅니다. 아이들은 계속 바뀌니까요. 1, 2, 3학년까지는 잘 하고 못 하고를 가릴 필요가 없다고 봐요. 이 때는 잘 하고 못 하고를 가려서 기뻐하고 속상해하기보다 그 뒤를 튼튼하게 받쳐 줄 기둥을 세우는 때라고, 탐스러운 꽃을 피울 수 있게 숙성시키는 때라고 생각하면 이 때 무엇을 해야 할지 생각하실 수 있겠지요. 그서 아이늘이 커 가는 것을 놀랍고 고마운 마음으로 바라보기만 해야 된다고 생각해요. 맞춤법, 띄어쓰기 못 해도 당연하고 공책 정리 못 해도 하나도 이상하지 않습니다. '이웃집 아이는 잘 하는데 왜 우리 아이는 못 하나.' 하시는데 한 가지만 놓고 보지 마시고 여러 방면에서 잘 하고 못 하고를 따져 보면 분명 똑같을 거예요. 그리고 사람은 저마다 다 다르고 독특한 존재인데 누구와 견주어 이렇다 저렇다 하면 개인의 특성이나 개성을 인정하지 않는 셈이지요.

우리 반 남자 아이 하나는 '11－4'라든지 '19－2＋5'를 하라고 하면 막 당황하면서 무엇을 어떻게 해야 할지 몰라요. 나는 그 아이가 빼기를 못 해서 걱정이라기보다 빼기를 못 한다고 마음에 그늘이 질까 봐 더 걱정이고 마음이 아팠습니다. 수학 문제만 보면 꽉 막히는 그 아이가 일기 글감은 기막히게 잘 잡아 써 오거든요.

아이들은 배운 내용을 그 때 제대로 알지 못해도 시간이 지나면서 저절로 깨닫고 터득해서 알아 가는데 부모님들은 그 학년에서 다 알아야 한다고 생각하시고 받아 쓰기도, 수학도 100점 맞기만을 바라십니다.

부모님들은 무엇이든 못 한다고 마구 걱정하시지 말고 잘 하는 일을 찾아 칭찬해 주고, 빨리 이해하지 못 하더라도 좀 놔 두면 어느 순간에 깨닫게 되니 좀 기다려 주세요. 무조건 내팽개쳐 두라는 말이 아니라 못 하는 데에만 매달리지 말고 맞춤법이 서툰 아이는 책을 읽게 한다든지 일기를 쓰게 해 보세요. 수학 이해력이 느린 아이는 자연 현상을 관찰하게 하거나 다양한 경험을 갖게 해도 좋습니다. 스스로 궁리해 보는 기회를 많이 주어 논리적인 사고를 할 수 있게 한다든지 해서 좀더 폭넓게 공부를 하다 보면 그것이 다 좋은 밑거름이 되지요.

사람은 지식으로 살아가는 것이 아니라 지혜로 살아간다는 것을 잊지 말아야겠어요. 우리 아이들이 살아갈 미래에는 더욱더 그렇지요. 경쟁만이 판을 치는 이 살벌하고 메마른 현대 사회에서 정말 필요한 사람은 지식이 많은 사람이나 계산이 빠른 사람보다 남을 따뜻이 감싸 안을 수 있는 따뜻하고 꾸밈없이 깨끗한 마음을 지닌 사람입니다.

동무 사귀기

아이를 학교에 보내면서 어머니들은 '우리 아이가 동무들과 잘 지낼 수 있을까?' 하고 몹시 걱정합니다. 혹시나 동무들한테서 따돌림을 받고 외롭고 힘든 생활을 하게 된다면 큰일이니까요.

어른도 마찬가지지만 아이들은 동무가 참 중요합니다. 마음이 맞는 동무들이 있으면 학교 생활이 훨씬 즐겁지요. 그래도 1학년 아이들은 윗학년 아이들에 견주면 또래나 또래 집단의 영향을 크게 받지는 않습니다. 다정한 동무를 만들지 못해도 외로운 줄 모르고 잘 지내거든요. 1학년은 아직 '나하고만 친한 동무' '우리끼리' 라는 의식이 형성되는 단계는 아니고 두루두루 어울립니다. 오늘은 이 동무와 놀다가 내일은 저 동무와 놀기도 하지요. 싸움을 해도 돌아서면 잊어버리고 또 같이 놀고, 잘 놀다가도 갑자기 주먹과 발길질이 오가기도 합니다.

1학년 아이들에게는 좋은 동무, 싫은 동무가 따로 없어요. 그러니 만약 어머니가 "누구하고 놀지 마라." 하면 아이는 이해를 못 하지요. 1, 2학년 동안은 탐색기라고 할까요? '누가 나에게 맞을까?' '나를 어떻게 또래들에게 맞출까?' 하고 살펴보는 때라고 할 수 있습니다. 여러 동무들과 어울리며 동무들을 이해하고, 자기를 맞추고 또 자신을 바꿔 가는 시기이므로 이 때에 많은 아이들과 어울리게 해야 나중에도 동무들을 잘 사귈 수 있습니다.

어떤 아이는 여러 아이들과 어울리지 못하고 자기 마음에 드는 아이 한두 명하고만 노는데 이런 일은 좋지 않습니다. 그 아이가 이사라도 가 버리면 그만 동무가 없어져 외톨이가 되고 맙니다. 3학년 때까지는 따로 집단을 이루지 않아서 그런 대로 지낼 수 있지만 4학년이 되면 자기에게 맞는 아이들하고만 어울리는 경우가 많아지지요. 그래서 그 때까지 두루두루 동무를 사귀지 못한 아이는 친한 동무가 가고 나면 어디고 끼지 못하고 외롭게 됩니다.

동무들과 잘 어울리지 못하는 아이 가운데에는 또래들과는 어울리지 못하고 자기를 편하게 받아 주는 어른이나 손위 아이들과는 잘 노는 아이가 있어요. 왜냐 하면 또래들과는 자주 싸우기도 하고 감정을 맞추려면 힘이 드니까 자기를 편하게 해 주고 무조건 받아 주는 언니들하고만 놀려고 하기 때문이지요. 이렇게 또래들하고 사귀려 들지 않는 아이는 내버려 두지 말고 또래들과 어울리게 하는 것이 좋습니다. 그래야 남을 받아 줄 줄도 알고 나를 남에게 맞출 줄도 아는 융통성 있는 사람으로 자라니까요.

어머니들은 아이가 너무 순하고 착해서 다른 아이들에게 당하기만 할까 봐 걱정합니다. 그러나 괜한 걱정입니다. 순한 아이들은 남을 귀찮게 하지 않기 때문에 동무들이 서로 같이 놀려고 하고 짝이 되고 싶어합니다. 목소리 크고 기운이 세지만 아이들을 얕보고 잘난 척하는 아이는 언뜻 보기에는 따르는 아이들이 많아 보이지요. 하지만 아무도 그 아이와 같이 안 놀려고 하고 학습 활동도 같이 하려고 하지 않아 눈물을 흘리기도 합니다. 철모르는 아이들이라도 착한 사람은 알아보니까요.

이렇게 여러 동무들과 어울려야 할 시기에 아이들은 어쩔 수 없이 그럴 기회를 갖지 못하고 있습니다. 학교가 끝난 뒤에도 시간표가 꽉 짜여 있기 때문에 집이 같은 방향이 아니면 아예 같이 놀 수가 없습니다. 그러니 천상 같은 동네에 사는 아이들 가운데서 마음 맞는 한두 명하고만 어울리기 마련이지요. 동무들과 잘 어울리게 하려면 어울려 놀 기회가 많아야 할 텐데 말입니다.

요즈음 아이들이 얼마나 동무를 사귀기 어려운지 한번 보세요. 우리 반에 얌전한 남자 아이가 있었는데 집이 바로 학교 운동장 옆에 있었습니다. 그런데 그 아이가 사는 아파트 단지에는 우리 반 아이가 한 명도 없었어요. 원래 얌전한 그 아이는 언제나 혼자 집으로 돌아가곤 했습니다. 집이 좀 멀면 함께 걸어가는 동안에 마음에 맞는 아이를 사귈 수도 있는데 집이 학교 부근이니 그럴 기회도 없었지요. 요즈음은 1학년 아이들도 1시부터 학원에 가면 5시나 돼서 돌아오니 아이들은 동무도 학원에서 사귀고 집이 가까운 곳에 있는 아이하고만 지내게 됩니다.

늘 외롭게 지내는 아이를 어떻게 하지 못하고 1학년을 마치고 말았는데 학년이 끝날 무렵에 그 아이 어머니가 보낸 글을 보니 어머니도 아이가 동무 없이 지내서 무척 가슴아팠다고 했습니다. 아이 스스로 동무를 사귀지도 못하는 성격이니 담임인 내가 알맞은 아이를 골라 일부러라도 동무를 만들어 주었더라면 하고 아쉬워하셨습니다. 나도 그 정도는 생각을 못 했는데 어머니가 그렇게 생각했다면 진작 담임에게 뜻을 알리거나 아이에게 동무로 사귀고 싶은 아이가 누구인지 물어서 집으로 불러 함께 놀면서 사귀게라도 했더라면 동무가 생겼을지도 모르지요. 아무튼 요즈음은 동무도 자연스럽게 사귀지 못하고 이렇게 억지로 만들어 주어야 하는 세상이 되었습니다.

동무를 잘 사귀는 아이와 잘 사귀지 못하는 아이들은 다른 점이 있어요. 동무를 잘 사귀는 아이는 성격이 원만한 아이지요. 명랑하고 너그러워서 웬만한 일은 웃어넘기고 잘 이르지 않아요. 그렇지 못한 아이는 사소한 것도 받아 주지 못하고 이르고 싸웁니다.

수줍음이 많고 적극적이지 못해 동무를 잘 사귀지 못하는 아이는 곁에서 기회를 만들어 주거나, 마음 맞는 동무를 만나면 쉽게 사귑니다.

이런 아이보다 동무를 더 사귀기 힘든 아이가 있어요. 두 가지로 나누어 보면, 첫 번째는 성격이 원만하지 못하거나 자기 주장만 하거나 자기만 아는 아이입니다. 또 하나는 자기 세계를 가지고 있는 아이예요. 첫 번째 쪽 아이들은 시간이 흐르면서 외로움과 어려움을 겪으며 성격이 원만해지면 동무를 사귀게 돼요. 두 번째 쪽은 유난히 책을 좋아한다거나 그림에 남다른 재능을 보이는 아이들이에요. 이런 아이는 지금까지 자기 혼자서 푹 빠질 수 있는 세계가 있었기 때문에 동무에 대한 아쉬움을 몰랐지요. 그러다가 학교에 와서 다른 아이들이 서로 어울려 재미있게 지내는 것을 보고 동무를 사귀고 싶어하는데 그게 쉽지 않아요. 많은 천재들이 사람들과 원만하게 사귀지 못해 살아가는 데 어려움을 겪잖아요.

여자 아이 일기를 보지요.

1998년 10월 1일 목요일. 맑음.
친구

엄마한테 혼났다. 속상하다. 학교에서 집에 올 때 ○○○이랑 △△△은 버스를 타고 집에 갔다. 나는 ○○○이랑 △△△이랑 같이 만날려고 뛰어갔다가 재현이를 만났다. 나는 재현이랑 같이 뛰어왔다. 그런데 ○○○이랑 △△△이 버스에서 내렸다. 나는 큰 소리로 크게 "○○○, △△△"이라고 불렀다. 그런데 ○○○이랑 △△△은 나를 보고 손을 잡고 뛰어갔다.

그런데 엄마가 산에 갔다가 ○○○, △△△, 이재현이, 그 뒤에 내가 오고 있었다. 우리 엄마는 왜 친구가 부르면 왜 도망가냐고 했다. 재현이는 내가 돈이 없어 했고, △△△은 계속 웃기만 하고, ○○○은 울었다.

△△△은 우리 엄마가 있으면 팔짱 끼고 친한 척한다. △△△은

우리 엄마가 맛있는 것 사 주면 친한 척한다. 솔직하지 못하다.
　엄마는 내가 친구들에게 말을 자주 안 하고 친절하게 안 한다고 혼내신다. 하지만 나는 친구들을 위해 노력했다. 먼저 얘기도 하고 수수께끼 책을 보고 재미있는 수수께끼를 내도 듣지도 않고 "몰라." 하고 그냥 간다.
　나는 친구들이랑 같이 갈려고 노력하는데 손잡고, 팔짱 끼고 자기끼리만 도망간다. 속상하다. '하나님! 저에게 천사 같은 친구 한 명 보내 주세요. 잘 할게요.'

이 아이 글을 보면 어린 아이들이 동무 문제로 얼마나 괴로워하는지 가슴이 저릴 정도예요. 이 아이가 얼마 뒤에 쓴 일기를 보겠어요.

1998년 10월 19일 월요일. 맑음.
친구

친구는 꼭 필요하다.
만약 친구가 없으면 심심하기 때문이다.
슬플 때도 친구가 감싸 주고
화날 때는 친구가 걱정해 주고
이로울 때는 친구가 놀아 주고 감싸 줍니다.

어째서 동무들을 못 사귈까요? 물론 서로 안 맞아서 그럴 수도 있겠지요. 그건 어찌할 수 없는 일이긴 해요. 아이들이 동무를 사귀게 되는 계기도 아주 가지가지더군요. 유치원 때 마음이 맞아서 학교까지 이어지는 아이들이 있고, 입학날 만났는데 서로 맞아 동무가 되는 수도 있고요. 요즈음은 대부분 아파트별로, 동별로 동무가 되더군요. 그 둘레에 맞는 동무가 없으면 영 동무를 사귀지 못하는 거지요. 그런데 요즈음에는 또 한 가지 원인이 있는데요. 어떤 아이가 뭘 잘 해도, 선생님께 칭찬을 많이 받아도 따돌림 받아요. 잘 하는 아이와 친해지는 게 아니라 멀리하고 따돌리는 고약한 심리를 우리는 그냥 모른 척하면 안 되겠어요. 어머니들끼리도 그렇지 않은가요? 혹시 아이가, 환경이 어렵고 공부 못하는 동무를 따돌려도 그렇지만 반대로 공부 잘 하는 동무를 미워하고 멀리하려고 해도 말려야 합니다. 마음이 바르지 않고 비뚤어진 거니까요. 앞의 일기를 보면 이 아이는 1학년답지 않게 생각이 깊고, 표현력도 좋아요. 이 아이는 또래들보다 수준이 높아요. 그것도 원인 가운데 하나가 될지 모르겠어요. 이 아이가 1학년을 마치기 전에 좋은 동무를 만날 수 있었으면 좋겠어요.

아이들 싸움
갈수록 아이들이 너그럽지 못해지는지 어느 학년 어느 교실마다 다툼이 끊이는 날이 없어요. 교사는 다툼을 해결하느라 하루가 가고, 목이 다 쉴 정도지요. 어쩌면 오늘날 교사들은 이 다툼만 잘 해결할 수 있어도 훌륭하지 않나 싶을 정도예요.

1학년 아이들한테는 싸움도 하나의 놀이라는 생각이 들 때가 많습니다. 공부를 시작하려는데 갑자기 싸움이 붙어 아무리 말려도 안 들어 저는 그만 화가 나 있는데, 제 화가 풀어지기 전에 저희 둘이는 먼저 언제 싸웠냐는 듯이 같이 웃고 해서 저를 어리둥절하게 만듭니다. 그뿐 아닙니다. 집에 가려고 복도에서 신발을 갈아 신다가 싸움이 나서 가방을 둘러멘 채 복도에 뒹굴면서 싸우는 걸 가만히 보면 정말 미워서 아프게 때려 주겠다는 얼굴이 아니고 반은 웃음이에요. 남자 아

　이들은 그렇게 힘겨루기를 하면서, 몸으로 부딪혀 가면서 상대방을 탐색하나 봅니다. 물론 잠시 지나 다시 내다보면 옷을 툭툭 털고 어깨동무하고 집으로 가고 있습니다.

　아이들 가운데는 순해서 남을 한 번도 귀찮게 하지 않는 아이가 있는가 하면 장난으로, 재미로 남을 툭툭 치고 못 살게 구는 아이도 있습니다. 이런 아이는 부모님이 각별히 주의를 주고 타일러야겠어요. 또 남자 아이들은 여자 아이들을 귀찮게 합니다. 저는 장난으로 그러지만 당하는 아이는 여간 속상한 게 아닙니다. 집에 갈 때면 가방을 잡아당기고 별명을 지어 부르고 해서 여자 아이들은 곤욕을 치르지요. 이런 일을 당하는 아이 어머니는 속이 상하지요. 그래서 어머니끼리 전화 통화를 하다 홧김에 "아이 교육 좀 잘 시키세요." 하고 화를

내게 되는데 그러면 전화 받은 어머니도 속이 상하고 맙니다. 어머니가 시킨 것은 아닌데 말입니다. 아이들이 무슨 나쁜 계산이 있어서 놀리는 것은 아니니 마음을 가라앉히고 자초지종을 이야기하세요. 그리고 앞으로 주의를 시켜야겠다고 하면 괴롭힌 아이 어머니도 굉장히 미안해하며 아이를 단단히 나무랄 거예요.

또 아이들 싸움은 시작부터가 장난이었기 때문에 잘잘못을 가리기가 쉽지 않습니다. 서로 상대쪽이 먼저 그랬다고 하니까요. 그러니 정말로 힘센 아이가 약한 아이를 힘으로 괴롭히는 그런 싸움이 아니면 어른들은 나서지 말고 지켜보기만 해도 된다고 생각해요.

짝

아이들이 교실에 들어오면 맨 먼저 짝을 정하는 일을 하지요. 짝이나 자리를 정하는 기준은 우선은 키 순서대로 합니다. 그러다가 수업에 따라 아이들을 이리저리 바꾸기도 하고, 산만한 아이가 있으면 그 아이 때문에 다른 아이까지 자리를 바꾸게 되지요. 또 요즈음 아이들은 쉽게 싫증을 내기 때문에 한 아이와 오래 앉아 있지 못해요. 짝을 앉힐 때도 앞, 뒤, 옆을 다 생각해서 바꾸지 아무렇게나 바꾸지 않거든요.

전에는 한 학기에 한 번 짝을 바꿀 정도로 그렇게 문제가 되지 않았는데 지금은 짝을 바꾸는 일, 자리를 정하는 일 들이 모두 학급 운영 전략이 될 만큼 문제가 커요.

어머님들도 아이들 못지않게 짝에 대해 크게 신경을 쓰시더군요. 짝 어머니끼리 친해지기도 하고, 반대로 사이가 벌어져 어색해지기도 하고요. 어떤 분들은 너무 속상해서 짝 아이 집에 전화해서 뭐라고 얘기하다가 좋지 않은 얘기가 오가기도 합니다. 그렇지만 내 아이만 손해본다는 생각은 마세요. 이런 아이 저런 아이 다 겪어 보는 게 좋으니까요. 아이가 짝이 싫다고 하면 무엇이 싫은지 물어 보세요. 그리고 될 수 있으면 이겨 나가도록 해 보세요. 정 떨어져 있는 것이 좋겠다고 생각되면 그 때 바꾸는 방법을 생각해 봐야겠지요. 담임으로서 '자리를 앞으로 해 달라.' '짝을 바꿔 달라.' 하는 주문은 썩 달가운 소리는 아닙니다. 금방 쉽게 해치울 일이 아니라 고민을 해야 하거든요. 그렇지만 정말 문제가 있다면 상의해야겠지요.

옆짝을 방해하고 귀찮게 하는 아이일수록 짝이 싫다고 타령을 해요. 착해서 참을성도 많고 너그러운 아이는 아무 말이 없는데요. 요즈음 아이들이 예전 아이들과 다른 점이라면 또래들과 화합을 잘 못 하고 조금만 마음에 안 들어도 못 견디는 것이에요.

학기 초에는 짝을 바꿔 달라고 편지도 오고 찾아오는 분들도 계시더니 이제는 아이도, 어머니도 아무 말이 없는 걸 보면 아이들이 더 좋아져서 그렇다기보다 적응하는 문제라고 생각합니다. 성급하게 피해 가려 하기보다 기다리면 절로 풀리는 문제인 거지요.

만 5세 입학

요즈음은 아이들 몸이나 지능이 전보다 빨리 발달하고 있어요. 그래서 입학 나이를 만 5세로 앞당기자는 주장도 있었어요. 그러다가 같은 만 5세라도 차이가 많으니까 아이에 따라 입학을 앞당기는 것을 허용하게 되었습니다. 조기 입학에 대해 관심이 있고 궁금한 것도 많은 부모님들이 꽤 계시더군요.

2월이 되어 아이가 다닐 학교에 물어 보시면 자세하게 안내를 해 줄 거예요. 아이가 들어갈 학교의 학급당 아이들 수가 40명 아래면 입학할 수 있습니다. 아무래도 담임의 관심이 더 가야 하는 아이인데 아이들이 많으면 소홀하게 될까 봐 그러지요. 그리고 입학해서 얼마 동안 아이 적응 상태를 보고 학교를 그만둘 수도 있어요.

학교에서는 혹시나 해서 입학하는 것을 권하지 않지만 부모님들 가운데는 아이가 건강하고 자기 일을 잘 해 나가면 빨리 입학시키고 싶어하는 분들이 있어요. 우리 반 아이들 가운데에도 한 해 앞당겨 보냈더라도 괜찮을 아이가 있어요.

다섯 살에 입학한 제 조카한테 어려움은 없었나 물어 보니 별 문제가 없었다고 해요. 자기는 5월생인데 대학교에 가 보니 10월생도 있더라면서요. 우리 조카는 유난히 똘똘해서 입학시켰다기보다 시골에 살 때 학교가 바로 옆이니까 그냥 보냈어요. 2학년 때 서울로 왔는데 그래도 잘 다녔어요.

우선 아이나 부모님이 다섯 살에 입학한다고 큰 일인 것으로 생각하지 마시고 자연스럽게 생각하세요. 적응 못 하면 어쩌나, 한 살 아래라고 눌리면 어쩌나 하는 것들 말이에요. 어떤 어머니는 아이가 유치원에서 "형, 형." 했는데 학교 가서도 그러면 어쩌느냐고 걱정하시던데 학교에 들어가면 그러지 않을 거예요. 같은 학년이니까 나이 관계없이 똑같다는 것을 얘기해 주어야겠지요. 그리고 나이 구분 없이 여러 아이들과 어울리는 경험도 시키세요.

이리저리 따져 보아도 괜찮다 싶으면 나이를 생각하지 말고 입학시키세요. 그래도 걱정스러운 점이 많다면 그냥 제 또래들과 함께 다니게 하고요.

다 다른 1학년 아이들

어머니들은 아이가 학교에 가서 어떻게 생활하는지 참 궁금해하십니다. 아이한테 물어도 잘 표현하지 못하고, 비디오로 찍어서 볼 수도 없고. 어떤 아이들은 말을 잘 옮기는데 또 어떤 아이들은 얘기를 잘 안 하거든요. 그냥 "재미있어요." 하는 정도래요. 또 무슨 문제가 생겨도 다른 아이들이나 다른 어머니를 통해서 듣는다고 해요. 그래도 탈없이 지내면 되지 않을까요. 아마 여러 아이들이 학교에서 보여 주는 모습은 어머니들도 궁금하실 거예요. 한 반 아이들의 다 다른 모습을 글로 보여 드릴 테니 한번 그 모습을 그려 보세요.

먼저 여자 아이들부터 볼까요.

○○○ 언제나 웃는 얼굴이다. 선생님을 아주 좋아하고 잘 따른다. 자기 할 일을 성실하게 잘 한다. 학교 생활을 즐겁게 하고 동무들과

잘 지낸다. 옆짝이 장난을 걸거나 공부 시간에 제대로 하지 않으면 슬쩍 주의를 주며 그러지 말라고 한다. 이 아이의 가장 좋은 점은 모둠을 잘 이끄는 것이다. 보기에는 그저 고운 아이일 뿐인데 모둠 아이들을 조용히 잘 이끄는 힘이 있다. 남자 아이들도 이 아이를 잘 따른다. "우리 이렇게 하자." 하면 모두 즐겁게 따르는데 그게 억지로 하는 게 아니라 저절로 그렇게 된다. 이 아이가 있는 모둠은 일이 안 될 때가 없다. 학생으로 가장 바람직한 모습이다. 이 아이는 사람을 다 좋아하는 것 같다.

○○○ 꾸밈없고 수수하다. 남보다 예쁜 머리핀을 꽂는 것도 아니고 옷도 새 옷이거나 비싼 옷이 아니다. 그래서 눈에 잘 띄지 않는다. 그래도 잘 보면 괜찮은 아이이다. 짓궂은 아이하고 짝을 하면서도 잘 어울려 넘어간다. 불평을 하거나 토라지는 법도 없다. 그래서 아이들이 이 아이와 잘 어울린다. 하는 일이 모두 두드러지지 않지만 할 일을 못 하거나 미루지 않는다. 일기 쓰는 걸 보면 내면이 꽉 찬 아이라는 생각이 든다. 서두르거나 덤벙대지 않고 침착하고 정확하다.

○○○ 외모가 깔끔하다. 입이 무겁다. 1학년답게 마음이 여리고 겁이 많다. 남이 자기를 귀찮게 하는 것을 싫어한다. 그래도 자기 할 일을 훌륭하게 해 낸다. 말하지 않아도 교실 정리를 스스로 하고 청소도 소리 없이 한다. 그 행동은 잘 보이기 위해 어쩌다 하는 게 아니라 진심에서 우러나서 하는 것이다. 일기 쓴 것을 보면 마음이 어찌나 깊은지 '저런 딸이 있으면 참 좋겠다.'는 생각이 든다. 참 믿음직한 아이이다.

○○○ 공부 시간에 참여하지 않는다. 수첩을 꺼내 만지거나 다른 일에 관심을 팔고 있다. 그래도 공책에 쓰는 것은 한다. 욕심은 많은데 욕심만큼 하지 않는다. 휴지를 잘 처리하지 못하고 그 자리에 버린

다. 아이들이 모두 청소를 해도 잘 하지 않는다. 휴지를 주워 버리는 일도 거의 없다. 교실에 있는지 없는지 모를 정도로 조용하다. 남의 일에 간섭도 하지 않지만 참여도 하지 않는다.

○○○ 키도 크고 몸도 건강하고 행동도 민첩하다. 어휘력이 다른 아이들보다 뛰어나다. 말하는 것을 보면 똑부러진다. 능력이 뛰어나다. 그러나 그 능력이 자기 안에 머물고 있다. 맨 먼저 말한 아이와 달리 다른 아이들을 이끌지는 못한다. 그 점이 아쉽다. 그렇게 똑똑한 아이가 다른 아이들한테 아무런 영향을 주지 못하고 혼자 똑똑하고 마니. 대부분의 아이들이 그렇지만.

○○○ 행동이 느리고 발음도 정확하지 않다. 옷 입는 것도 요즈음 아이들같이 깔끔하지 않고 언니 옷을 그대로 입고 온 듯 헐렁하다. 그래서 얼뜨게 보인다. 학교 생활도 집에서 하는 것과 같다. 어떤 때는 교실 바닥에 배를 깔고 엎드려서 글씨를 쓰기도 한다. 이 아이가 하는 것을 보면 조금 불안하다. 제대로 할까 하고. 어머니도 어린 동생이 있어서 거의 돌보지 못하고 있다고 한다. 그런데 웬걸. 시간이 흐를수록 이 아이는 스스로 조금씩 틀을 잡아 가고 있다. 창의력도 남다르고, 수학 하는 것을 보면 영특하다는 생각이 든다. 보기에는 무질서하고 단정하지 못한 것 같은데 그 안에서 질서가 자리잡아 가고 있다. 어머니 손길 없이도 스스로 자라고 있다.

○○○ 보기에 착하게 생겼는데 실제로도 착하다. 웃는 모습도 천진난만하다. 짓궂은 남자 아이들이 '뚱돼지'라고 놀려도 울거나 이르지 않고 참았다고 일기에 쓴다. 생일이 11월이라 그런지 조금 어리다. "아직 못 했어요." 하고 말할 때가 많다. 요령을 모른다. 학습 내용을 잘 이해하지 못할 때가 있다. 1학기 때는 잘 못 하겠으니까 그만 공부 시간에도 여기저기 돌아다니면서 불안한 마음을 달래는 듯하더니 지

금은 안정되었다. 가장 1학년답다.

○○○ 학기 초에 어머니가 생일이 늦어서 못 따라갈까 봐 걱정하셨는데, 아니다. 넘친다. 뭐든 가장 빨리 마칠 만큼 빠르고 말도 잘 한다. 그렇게 잘 하던 아이가 2학기에 와서는 그만 정성 없이 대강대강 해 버린다. 재미가 없는 모양이다. 끝까지 꾸준하고 점점 나아지는 아이가 예쁜데.

○○○ 학습 과제를 주면 눈깜짝할 사이에 해낸다. 이 아이는 언제나 무엇을 하라고 하면 늦는 아이가 한 시간 갈 것을 5분이나 10분에 다 하고는 "다 했어요." 한다. 까닭은 다른 아이들은 둘레 아이들과 얘기하느라 늦는데 이 아이는 말이 없기 때문에 일이 빠르다. 그만큼 입이 무겁다. 쉬는 시간에도 아이들과 놀기보다 책을 읽거나 종이 접기를 한다. 책을 많이 읽고 자기 세계에 몰두하는 아이라서 글을 아주 잘 쓴다. 일기든 시든. 발표 시간에도 들어 보면 다른 아이들이 생각 못 하는 것을 말한다. 약지 못하고 어리숙한 편이다. 동무들이 조금만 뭐라고 해도 '앙.' 하고 울음을 터뜨린다. 답답하게 느껴질 때도 있으나 1학년답다. 동무가 없어서 외롭다.

○○○ 양쪽 눈꼬리가 위로 뻗쳐 있고 얼굴에 할퀸 자국이 많아 학기 초에는 몹시 사나운 아이인 줄 알았다. 학기 초에는 짝과 많이 다투었다. 순한 남자 아이를 자기 마음대로 주물러서 그 남자 아이가 딱해 기가 센 아이와 앉혀 주기도 했다. 말도 야무지게 잘 하고 사나운 면이 있고 해서 은근히 걱정을 했는데 갈수록 기가 수그러든다. 처음에는 두드러지더니 지금은 보통 아이로 되었다. 여러 아이들 속에 있어 보니 자기보다 뛰어난 아이들이 많은 걸 느끼고 기가 죽는지도 모른다. 그래도 언제 그 센 기가 살아날지 모른다.

이렇게 같은 1학년 여자 아이들도 다 다릅니다. 이번에는 남자 아이들을 볼까요.

　○○○　전학 온 아이이다. 전학 온 아이가 말을 안 듣고 제대로 하지 않으면 미운데 이 아이는 너무나 좋다. 우선 떠들지 않는다. 동무와 싸우지도 않는다. 자기 할 일을 잘 하면서도 조용하다. 이런 아이는 그저 고마울 뿐이다. 어머니가 아버지 사업 때문에 같이 있지 못하고 친척집에 두 형제를 맡겨 놓고 가끔 오시는데도 아이가 무척 안정되어 있다. 어머니는 아이들 보러 올 때마다 걱정이 되어 생활이 어떠냐고 묻는데 그 때마다 칭찬만 했다. 모자라지도 넘치지도 않는 아이이다. 언제 어머니를 만나면 아이들 교육 방법이랑 집안 분위기 들을 물어 보고 싶다.

　○○○　이 아이도 전학 왔다. 아버지가 사업을 하다가 어려움을 겪게 되자 할아버지 할머니 집에 와 살게 되었다. 생일이 가장 늦고 또래들보다 작고 어리다. 그래서 순수하다. 뭐든지 다시 물어서 확인해야 하는 어린 아이이다. 그래도 순진해서 좋고 싸우지 않아서 좋다.

　한 번은 길에서 어머니를 만나 들은 말이다. 아이가 어리다 보니 다른 아이들한테 치이는 편이다. 어떤 아이가 자꾸 때리고 못 살게 군다고 해서 어머니가 "그럼 선생님한테 얘기하지." 하니 이 어린 아이가 우선 자기 혼자 해결해 보고 그래도 안 되면 얘기하겠다고 하더란다. 나는 깜짝 놀랐다. 우선 자기를 귀찮게 하면 선생님이나 부모님 힘에 의지하려는 게 대부분 아이들인데 이렇게 어린 아이가 그런 생각을 하다니. 아이가 어리고 약하다 보니 하는 것도 눈에 띄거나 시원스럽지 않다. 오히려 불안하다. 그래도 자기한테 주어진 일을 감당해 나가는 모습이 안쓰러우면서도 사랑스럽다. 어느 것도 눈에 띄게 잘 하지 못할 것 같은 어린 아이인데 잘 보니 그림에 재능이 보인다. 표현력도 있고 색감이 있다. 그 싹을 잘 키워 가야 할 텐데.

○○○ 어느 집 아이가 귀하지 않을까마는 이 아이는 위로 누나들이 있고 밑으로 얻은 아들이라 집에서는 더없이 귀한 아들이다. 이런 아이가 좀 기운이 세고 남과 싸워서 지지 않아야 부모님들은 마음이 놓일 텐데 더없이 순하기만 하다. 저보다 형편없어 보이는 아이한테도 져서 운다. 그만큼 여리다. 그래서 누구랑 다투는 법이 없다. 옆짝이 "지금까지 다른 아이들이랑 앉을 때는 안 싸운 적이 없는데 얘하고는 한 번도 안 싸웠어요." 한다. 그렇지만 자기 할 일은 잘 해낸다. 남에게 피해 주지 않고 보기만 해도 마음이 편안해지는 그런 아이이다.

○○○ 이 아이는 공부 시간에 저 혼자 색종이 접기 같은 것을 한다. 쉬는 시간에는 휴지통을 뒤져, 아이들이 구겨 버린 색종이를 다 주워 펴서 한 뭉치 되게 모았다가는 공부 시간에 접는 것이다. 어머니가 무척 알뜰하신 것 같고 그 가르침을 아이는 그대로 따르는 것 같다. 너무 공부에 참여하지 않아서 화가 날 때도 있지만 이 아이를 칭찬할 점은 또 있다. 아이들과 산으로 야외 학습 나갔을 때다. 아이들은 교실에서 말할 때는 휴지를 버리지 않고 꼭 가져온다고 해 놓고 정작 나가면 과자 봉지고 깡통이고 그냥 버리고 일어선다. 다른 아이들이 여기저기 흘려 놓은 쓰레기를 보고 이 아이는 시키지 않았는데도 돌아다니면서 비닐 봉지에 다 주워 모아서 가져오는 거다. 이만저만 기특하지 않다.

어머니가 잘 챙겨 주지 못하는지 공책이고 책이고 못 가져올 때가 많다. 그래서 꾸지람을 듣기도 하지만 이 아이의 학습 능력이나 행실은 믿고도 남는다. 이 아이는 조용한 편인데도 앞에 나와서 노래나 무용 또는 역할극을 할 때면 몸 표현이 아주 익살스럽고 재미가 있다. 참 괜찮은 아이이다. 그런데 일기를 안 쓴다. 다른 아이들은 일기를 꾸준히 쓰다 보니 글자도 많이 알고 문장력도 늘었는데 이 아이는 별로 나아지지 않았다. 그리고 학원을 다섯 군데나 다닌다고 한다. 피아노, 태권도, 바둑, 미술, 속셈. 어머니대로 생각이 있고 사정이 있겠지만 너무하지 않나 하는 생각이 든다.

○○○ 보기에 날쌔게 생겼고 이해력도 빠르다. 학기 초에 어휘력이 뛰어난 데 놀랐다. 창의력도 남다르고 과제 해결에 막힘이 없다. 한 곳에 지그시 머무르기보다 변화가 많은 아이이다. 창의력이 남다르고 영특해서 어머니한테 "아들 잘 키우세요. 괜찮은 아이예요." 했는데 꾸준하지 못하다. 2학기에 와서는 글씨도 마음대로고 뭐든지 대충대충 해 버린다. 조금이라도 지루하거나 정적인 것에 마음을 못 붙이는 모양이다. 이런 아이한테는 어렵고 새로운 것, 도전할 수 있는 과제가 필요하다.

○○○ 보기에도 힘이 세게 생겼다. 성격도 보통 넘어 보인다. 욕심이 너무 많다. 무엇이든지 자기가 가장 먼저 많이, 좋은 것을 가져야 한다. 참는다든가 다른 사람에 대한 배려가 없다. 아이들이 다 그렇지만 이 아이는 지나치다. 뭐든지 내키는 대로 한다. 공부 시간에도 마음껏 떠든다. 툭하면 주먹질이다. 규칙과 질서는 이 아이한테는 너무나 지키기 힘든 일이다. 예측할 수 없는 성격이라 하루하루 어떻게 나올지 긴장되는 아이이다.

○○○ 어머니가 직장에 다니고 할미니가 돌본다. 다른 사람 앞에 서서 말하는 것에 아주 서툴다. 사람을 똑바로 쳐다보지 못하고 고개를 숙이고 말하거나 딴 데를 보고 말한다. 말소리가 밖으로 나오지 않고 입 안에서 맴돈다. 공부 시간에도 자꾸 중얼중얼 얘기한다. 글씨는 아주 서툴러서 읽기 힘들다. 손목에 힘이 없어서 그렇다. 이렇게 말이나 행동이 답답하지만 가만히 보면 내면에 많은 능력을 지닌 아이이

다. 이 아이는 다른 사람을 낯설어하지 않고 자기를 시원스레 표현하는 훈련이 필요하다.

　○○○　체구는 작지만 행동이 민첩하고 단단하다. 안 그럴 것 같은데 은근히 산만하다. 잠시도 지그시 있지 못한다. 누가 누구를 좋아한다고 놀리고 아이들을 잘 때린다. 무엇이든 질서 있고 안정되게 하지 못한다. 글씨도 행동만큼 들쑥날쑥하다. 행동이 안정되지 않으니 불안해 보인다. 돈을 가지고 와서 아이들한테 이것저것 잘 사 준다. 연필을 이상하게 잡아 아무리 고쳐 주어도 안 된다. 관심을 놓아서는 안 되는 아이이다.

　○○○　모범생. 자세가 일 년 내내 반듯하다. 교사의 가르침을 그르치는 법이 없다. 이런 학생이 많으면 힘이 덜 든다. 이 아이는 무엇이든지 묻는다. 하루에 세 번 화장실 가면 갈 때마다 "화장실 갈게요." 또는 "화장실 가도 돼요?" 하고 묻는다. 또 "슬기로운 생활 꺼내요? 학습지 꽂아요? 크레파스 넣어요?" 한다. 좀 지나치지만 1학년다운 모습이다.

　○○○　입학날 벌써 눈에 띄었다. 얼굴은 어찌나 흰한지 처음 보는 사람은 탐낼 정도다. 그런데 좁쌀 아줌마보다 더 말이 많다. 그것도 공부 시간에 그렇게 말을 많이 한다. 이 아이는 학교에 공부하러 오는 것이 아니라 얘기하러 오는 것 같다. 글씨 쓸 때만 아주 잠시 입을 다물고 있지 언제나 옆이나 앞뒤 아이들한테 말을 건다. 공부 시간인데 딴 아이한테 가서 심각하게 귓속말을 하고 있어서 물어 보면 집에 갈 때 같이 가자고 했다 한다. 쉬는 시간에는 잘 놀다가 공부 시간만 되면 다른 할 일이 생각나는 모양이다. 체육을 하거나 반 아이들이 다 같이 할 때면 꼭 딴 곳으로 가서 혼자 빙빙 돈다. 또 내가 옛날 얘기라도 시작하면 슬그머니 일어나 뒤나 구석에 가서 장난감을 만지며 논

다. 글씨는 도통 알아볼 수 없게 마음대로 쓴다. 연필 잡는 것도 이상하다. 왜 그렇게 말이 많은지 모르겠다. 하도 말이 많아서 견디기 힘들어 꾸중도 하지만 그래도 밉상은 아니다.

　○○○　작지만 차돌같이 단단하다. 처음에는 몰랐는데 시간이 가면서 보니 두 가지 행동을 한다. 내가 보는 앞에서는 잘 하고, 내 눈을 피해서는 아니고. 아이들을 자꾸 때려 울리는데 물으면 꼭 상대방이 잘못이라고 한다. 주먹이나 발길질이 너무 세서 다른 아이들을 다 때려 눕힌다. 성격이 칼 같고 주먹이 세서 걱정이다.

　○○○　작고 여리다. 큰 아이들과 견주면 애기 같다. 그래도 자기 할 일을 열심히 하는 모범생이다. 교사를 조금도 힘들게 하지 않는다. 일 년 내내 싫증 내는 법 없이 잘 한다. 고마운 아이이다.

　아이들은 이렇게 다 달라요. 마흔 명 가까운 아이들이 한 명도 비슷하지 않아요. 그런데 이 아이들의 공통점은 남을 잘 배려할 줄 모른다는 거예요. 우리 아이들한테 다른 사람도 생각해 주는 마음을 길러 주어야겠어요. 아무리 다르다 해도 남을 생각해 주는 마음이 조금이라도 있으면 살 만한 사회를 만들 수 있지 않을까요.

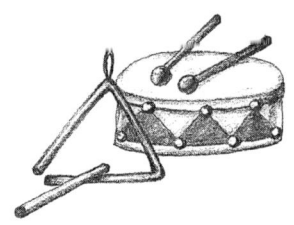

4장
학교 밖에서는
어떻게 생활해야 할까요

아이가 학교 생활을 시작했습니다. 1학년 때부터
학생으로 지녀야 할 바람직한 태도도 버릇 들여야 할 것 같고
공부도 따로 더 시켜야 하는 건지 잘 모르겠어요.
시험이 없어서 좋기도 하고 불안하기도 합니다.

책상 앞에 앉는 버릇

이제 긴 학교 생활이 시작되었습니다. 아이들은 앞으로 12년 또는 16년 동안 학생으로 살아가게 되지요. 이처럼 긴 학교 생활 가운데 첫 출발점인 1학년 때부터 학생으로서 지녀야 할 바람직한 태도를 어렴풋이나마 알아 두어도 좋다고 생각합니다.

1학년 아이들은 일일이 시키지 않으면 무엇을 해야 하는지 모릅니다. 이 나이에는 놀이가 중심이지 공부 같은 건 전혀 필요하지 않거든요. 어른들은 살아가기 위해서 꼭 필요하지 않은 일도 해야 하고, 하고 싶지 않은 일도 해야 하지만 아이들은 전혀 그럴 필요가 없습니다. 아이들에게는 맛있게 먹고 즐겁게 노는 일말고는 다 필요 없어요. 그런 아이들에게 "너 왜 공부 안 하니?" 하고 야단치는 어른이 우습지요.

그래도 학교 생활을 시작했으니 좋은 버릇을 들여 줄 필요는 있습니다. 학생이면 반드시 하루에 얼마 동안은 책상머리에 앉아야 하니까요. 사실 우리 어린 시절을 생각하면 전혀 그럴 줄 몰랐지요. 또 그럴 필요도 없었고요. 학교 갔다 오면 동생 돌보고 소 먹이러 가고 감자 깎고 아궁이에 불 넣고, 그러고 나서 틈이 나면 놀았지요. 요즈음 아이들도 이런 일을 한다면 굳이 공부라는 멍에를 씌우고 싶지 않습니다. 그러나 지금은 공부가 아이들 생활이요 일이 되었으니 공부와 친해야 되지 않겠어요?

처음부터 숙제가 있으면 하고 없으면 책을 펴 보지도 않는 태도는 좋다고 할 수 없습니다. 30분이면 30분, 한 시간이면 한 시간 날마다 일정한 시간만큼 공부하는 시간을 정해 놓고 스스로 할 수 있도록 합니다. 자기 책임을 다하고 나면 나머지 시간은 마음껏 놀게 합니다. 그 시간은 숙제를 해도 좋고 숙제가 없으면 책을 읽거나 예습, 복습을 하면 좋겠지요. 어머니들은 무조건

"숙제 있니?"

"숙제했니?"

하고 다그치면서 아이들을 책상머리에 앉히려 하는데 그다지 좋은 방법이 아닙니다.

숙제가 없으면 무엇을 해야 할지 모르는 아이로 자라서는 안 되지요. 1학년한테는 좀 어렵겠지만 언제나 자기가 할 것을 스스로 찾아 할 수 있도록 처음부터 버릇을 들이면 좋겠습니다.

아이들이 입학하고 얼마 동안은 무척 피곤해합니다. 집에 와서는 몸과 마음을 편안하게 해서 다음 날 학교 생활을 즐겁게 하도록 해야 합니다. 학교에서 3~4시간 긴장해서 두뇌 활동을 바쁘게 하고 왔는데 또 문제집 풀어라, 뭐 해라 하면 아이는 정말 지칩니다. 휴일날도 되도록 힘든 여행은 삼가고 일찍 재우도록 합니다. 그리고 아이가 말하기 싫어하면 굳이 학교 생활을 꼬치꼬치 묻지 않는 게 좋습니다.

스스로 하는 아이

요즘에는 아이들이 좀처럼 스스로 궁리해서 무엇을 하는 것을 볼 수 없습니다. 아이들이 정신차릴 새 없이 하도 많은 것을 배우다 보니 스스로 무엇을 할 수 있다거나, 무엇을 하고 싶다는 생각조차 해 볼 여유가 없게 되었기 때문이지요. 1학년 때부터 이러니 학년이 올라가면 더하지요. 너댓 살짜리 아이를 보면 끊임없이 놀잇감을 끄집어 내오고 스스로 놀이를 만들어 하지, 무엇을 할 줄 몰라 가만히 있는 적이 없는데 큰 아이들은 "심심해요. 심심해요." 하면서 스스로 일 거리나 놀 거리를 찾아 하지 못합니다. 정말 큰일입니다.

어머니는 아이가 스스로 무엇을 하는가를 잘 살펴보시고 저 혼자 무엇을 궁리해서 할 때 칭찬을 아끼지 마세요. 그러면 아이는 또다시 새로운 것을 생각해 내서 하게 됩니다. 우리 반 남자 아이가 공책 뒷장 빈 칸에다 네모 칸을 그리고 시간표를 다 적어 넣어 가지고 와서 "저, 이거 했어요." 하고 보여 주기에 크게 칭찬을 했습니다. 또 한 남자 아이는 저녁에 문득 생각나서 만들었다면서 두꺼운 종이에다 놀이판을 그려 왔습니다. 쉬는 시간에 동무들과 하려고 만들었다고 했습니다. 누가 시켜서도 아니고 저 스스로 하고 싶어서 했으니 얼마나 기특한지요. 이렇게 스스로 궁리해서 만들고 그려 보는 가운데 창조력이 싹트지 않을까요?

따로 시키는 공부

아이들에게 그 나이에 맞게 무엇을 얼마나 가르쳐야 좋을지는 그렇게 간단하지는 않습니다. 달리 무엇을 더 가르쳐야 할지 모르겠고 막상 가르치려고 하면 별로 없는 것 같기도 하다는 어머니 말씀도 옳아요.

어머니들은 아이들이 시키지 않으면 안 한다고 하시지만 어른 눈으로 보기에 어른 마음에 들게 하지 않는 것일 뿐이지요. 아이들은 본래 어른보다 훨씬 새로운 것을 알려고 하는 마음이 강합니다. 어른들은 귀찮아서 꼼짝 않고 누워 있어도 아이들은 잠시도 가만 있지 못하잖아요? 그런 아이들이 점점 학년이 높아 가면 그만 아무것에도 의욕을 보이지 않고, 시키지 않으면 꼼짝도 안 하는 무기력한 아이들이 되고 맙니다. 왜 이렇게 될까요?

어떤 어머니는 시험이 없어졌으니 더욱 신경을 써야 한다고 말씀하시던데 그것이 혹시 글짓기 학원에 보내고 영어 공부 시키고 피아노, 미술 학원 같은 데 몇 군데씩 보내시겠다는 얘기가 아닌가요? 조기 교육이 좋다고 하지만 다 알맞은 때가 있습니다.

1학년 아이들은 다른 것보다 학교 생활에 잘 적응하고 자기 일을 어느 정도 가늠해 가게 하는 일이 중요합니다. 공부는 학교에서 하는 것을 따라가는 정도만 해도 됩니다.

　저학년도 학교에서 특별 활동을 시켰으면 하는 분도 계시던데 이런 일은 학교에서 마음대로 할 수 없고 정부 당국에서 계획을 세우고 예산을 지원해 주어야 합니다. 학생 수도 적어야 하고 시설도 있어야 하고 지도 교사도 있어야 하고 무엇보다 좋은 프로그램이 있어야겠지요.

　공교육에서 아이들을 잘 키우자고 진지하게 논의하고 투자해야 하는데 아직도 부모들의 기대에 턱없이 모자라는 형편이지요. 교과목말고는 모든 것을 사교육에 떠넘기고 있는 실정이니 부모님들은 남들이 다 가르치는데 안 가르칠 수도 없고 알맞은 곳을 고르기도 쉽지 않고 물질로나 마음으로나 어려움이 많다는 것은 누구나 다 인정하는 일입니다. 이제 학교에서도 수업 시간 외에 따로 예능 교육을 한다고 하니 두고 볼 일이긴 합니다.

　그런데 저는 이렇게 너무도 많이 가르치는 세상에서 좀 가르치지 않았으면 좋겠다는 생각을 합니다. 꼭 가르쳐야 할 것말고는 아이를 좀 내버려 두었으면 해요. 학교에서 가르치는 것만 해도 많은데 그보다 더 가르치려고 하니 말이에요. 이건 아이들과 오래 지내다 보니 아이들이 얼마나 벅차하는가를 알고부터 더욱 간절해지는 생각입니다. 저만 이렇게 생각하는 게 아니었어요.

　"아이가 날마다 여섯 시간을 교실에서 보낼 때, 이 여섯 시간은 단지 두 시간 정도의 학습 효과를 나타낼 뿐입니다. 한 시간의 학습을 아이들은 15분 정도에 해냅니다. 이런저런 방법으로 아이들을 교사는 조용히 하는 데 많은 시간을 쏟을 수밖에 없다 보니, 교사가 아무리 애써도 가르침의 열매는 거의 없다고 해도 지나친 말이 아닙니다. 아이들이 교실에서 보내는 거의 모든 시간은 잃어버린 시간이며, 그것도 잘못해서 잃어버리는 시간입니다. 왜냐 하면 아이들은 깨끗한 공기도 필요하고 운동도 필요한데 하지 못하고, 아주 불행하게도 별로 좋지 않은 환경에서 시간을 잃어버리는 것밖에 배울 수 없는 환경 속에 있기 때문입니다."

1938년부터 1961년까지 벨기에 루뱅 대학교에서 법학과 철학을 가르쳤고 책으로, 말씀으로, 행동으로 많은 사람들을 감동시킨 자크 러클레르크 신부의 이 말씀은 제가 생각하고 있는 것과 똑같았어요.

그래요. 사람은 본래 억지로 가르치지 않아도 스스로 알아 내는 힘이 있어요. 자기의 깨달음이나 스스로 필요하다는 생각에서 알아 내기도 하고요. 그걸 어떻게 믿고 기다리느냐고요? 정말 그게 어렵지요.

도움이 될까 해서 드리는 말씀인데, 미술 학원에 다니면 다닐수록 아이들 그림이 아주 재미가 없어지더군요. 글짓기 과외를 하는 아이들도 마찬가지입니다. 글이 너무 재미가 없어서 읽고 싶지 않을 정도예요. 글이고 그림이고 판에 박은 듯하고 석고같이 굳어 있어요. 1학년은 아직 괜찮지만 계속 올라가다 보면 그렇게 되더군요. 무엇이든 가르친다고 다 좋은 일은 아니지요.

학원 보내기

요즈음 아이들이 얼마나 바쁘게 사는지는 모든 사람이 다 아는 일입니다. 어떤 1학년 아이 아버지가 이런 말씀을 하시더군요.

"요즈음 아이들은 우리 자랄 때보다 불쌍해요. 배우는 것도 보통 두 가지가 넘거든요. 놀 사이도 없어요."

이 아버지는 자기 아이 이야기를 마치 남의 일 이야기하듯이 하는데 그 속에는 자기 아이를 해방시키려는 의지가 전혀 느껴지지 않았습니다. 부모들이 아이들을 그렇게 내몰면서도 자기는 그 일과 상관 없다고 생각하는 거예요. 날이 갈수록 아이들이 학교 밖에서 배우는 게 늘어나고 있습니다. 아무 학원에도 안 다니는 아이가 한 반에 한두 명 정도예요. 학습지를 푸는 아이도 한 반에 스무 명 정도 되고요. 우리 반에 한 아이는 태권도, 피아노, 바둑, 미술, 속셈 해서 다섯 군데 학원을 다닌다고 하더군요. 1학년짜리가요. 그 아이는 일기 쓸 시간이 없어요. 책가방도 잘 못 챙겨 와요. 시간이 없어서요. 능력을 많이 지닌 아이인데 그렇게까지 하지 않아도 좋으련만. 오죽하면 "엄마, 학교도 월 수 금만 가면 안 돼요?" 할까요. 학원 다니는 아이들 수를 조사하라는 연락을 받고 손을 들라고 했더니 다섯 군데나 다닌다는 아이가 또 있어요. 어디 어디냐고 물으니 학교, 미술, 피아노, 바둑, 과학 이러는 겁니다. 웃음이 났지요.

아이들은 학교 아니라도 학습지나 학원에서 얼마든지 배울 수 있기 때문에 학교에서 애써 배울 필요가 없어졌어요. 학교는 안 다닐 수 없어서 그냥 보내는 곳이 되었습니다. 그러니 우리 아이들은 정신을 한 곳에 모을 수 없지요.

우리 반 아이가 쓴 글을 같이 볼까요.

1993년 9월 24일 금요일. 맑음.
바쁜 날

이성민

나는 학교 끝나고 집으로 곧바로 왔다. 그리고 미술 학원에 갔다. 오늘에 그릴 것은 잠자리 관찰 그림을 그리는 거였다. 바탕만 물감으로 칠하고 나머지는 크레파스로 칠했다. 나는 책상을 치우고 준태를 기다렸다. 준태도 빨리 했다. 그렇지만 준태는 틀린 게 3개나 있었다. 나는 하나도 안 틀렸다.

그리고 준태와 나는 민영이네 갔다. 그런데 오늘은 민영이네 차 타고 가지 않고 걸어서 민영이네 엄마와 같이 책나라에 갔다. 왜냐하면 민영이네 엄마가 우리를 데려다 주시고 전철 타고 다른 데로 가기 때문이었다.

오늘은 책나라에서 책을 읽고 종합장에 글씨만 썼다. 오늘은 빨리 끝났다. 그리고 우리 엄마가 와 있었다. 나는 민영이와 준태와 우리 엄마와 같이 택시 타고 집으로 왔다.

그리고 바로 태권도 심사 보러 갔다. 태권도에 가니까 형아들이 많이 있었다. 그런데 나는 품세를 하나도 안 틀렸다. 다른 형아들도 품세를 안 틀렸다. 그리고 엄마도 왔다.

나는 태권도를 끝내고 엄마와 같이 집으로 왔다.

오늘은 정말 바쁜 날이었다.

1학년 아이가 학교에서 미술 학원으로, 글짓기 학원으로, 태권도장으로 하루 네 군데를 뛰어다닙니다. 거의 모든 아이들 생활이 이와 비슷할 겁니다. 이 글을 읽기만 해도 숨이 차는데 아이는 어떨까요. 그 전에 맡았던 2학년 남자 아이는 일 주일 동안 여덟 가지를 배우더군요. 바이올린, 그림, 영어, 수학, 태권도…….

학원은 학교가 끝나고 곧 시작하기 때문에 아이들이 학교 생활을 여유 있게 하지 못합니다. 공부가 끝나기 전에 학원 가야 한다고 조르거나, 여러 가지를 배우는 아이는 끝종이 울리기 바쁘게 가방을 챙겨 놓고 한 걸음이라도 빨리 가려고 동동거립니다. 청소라도 있는 날에는 아무렇게나 휙휙 쓸고는 뒷정리는 다른 아이에게 미루고 달려갑니다.

늦게 가면 학원 선생님한테 혼난다면서. 이래서는 학교 공부고 학원 공부고 제대로 될 리가 없지요.

또 모둠끼리 무슨 발표를 하려고 해도 아이들이 도무지 시간을 낼 수 없어 준비를 할 수 없습니다. 아이들은 모둠을 하면서 동무들과 어울려 자료를 모으고 토론도 하고 연극이나 합창, 합주 같은 것을 서툴게나마 연습해 솜씨를 보여 주는 가운데 서로의 재주를 찾아 내지요. 더욱이 여러 사람 앞에 자신을 표현해 보임으로써 자신감도 얻을 수 있는데 말입니다.

학교 다니면서 이런 기회를 많이 가지면 가질수록 아이들의 성장에 크나큰 도움이 되는데 그런 것을 다 막아 버리고 무엇을 가르치겠다는 셈인지 모르겠습니다. 안다는 것은 깨쳐서 자기 것으로 만드는 것인데 요즈음 교육은 깨우칠 여유도 없이 아이들에게 자꾸 밀어넣기만 하고 있습니다.

여자 아이 글을 한 편 더 보겠습니다.

1993년 9월 27일 월요일. 맑음.

김현령

나는 오늘 놀려고 하였다. 그런데 못 놀았다. 왜냐 하면 할 일이 너무 많기 때문이다. 그건 뭐냐면 학교 갈 준비, 학교 가기, 피아노 학원 가기, 두리두리 수학을 하고 놀려고 했다. 그런데 엄마가 안 된다고 하셨다. 왜냐 하면 영어 선생님이 오시기 때문이다. 기다려도 영어 선생님이 오시지 않았다. 좀더 기다리다 보니 저녁때 영어 선생님이 왔다. 이번에 저녁이 되어서 못 논다.

아주 어려서부터 자기 생각은 가져 보지 못하고 어른들이 시키는 대

로 이리저리 떠밀리며 자란 아이들이 자신의 삶에 무슨 의미를 가질 것이며, 이웃에 관심이나 사랑을 가질 수 있을까요? 또 창조적인 생각은 언제 싹이 틀까요?

우리들이 추구해야 할 삶의 본질은 자기가 하고 싶은 일을 하면서도 그것이 이웃이나 겨레 전체에 이익이 되고, 나 혼자만 잘 살려는 것이 아니라 더불어 살아가는 삶에 있지 않을까요. 그런데 지금은 남이야 어찌 되든 나와 내 아이만 잘 살면 그만이라고 생각하고 학벌과 연줄을 성실함보다 더 가치 있게 여기는 사회가 되고 말았습니다. 더욱이 다들 이 사회가 잘못되었다고 한탄하면서도 잘못된 사회가 계속되도록 거들고 있어요. 어른들이 힘과 지혜를 모아서 바로잡지 않으면 누가 해 주지도 않는데 너도 나도 남의 탓만 합니다. 그러면서도 잠시라도 머뭇거리면 자기 아이가 낙오되고 말 것 같은 초조함에 아이들을 이리저리로 내몹니다. 하지만 그것은 아이들을 제대로 이해하지 못하기 때문이며 배우고 알게 되는 원리를 모르고 하는 잘못입니다.

어른도 그렇지만 아이일수록 자기 스스로 궁리해서 해 보고 실패와 성취감을 경험해야 합니다. 또 제 나이에 누려야 할 것들을 누리고서 다음 단계로 넘어가야 그 삶이 후회 없고 풍요롭습니다. 그런데 우리 아이들은 미래를 앞당겨 살고 있습니다.

아이들이 지금처럼 죽어라 하고 이것저것 배우다 어른이 되면 또 살아가기 위해 정신 없이 일에 쫓깁니다. 일생을 이렇게 산다고 생각해 보세요. 끔찍하지 않습니까? 우리의 삶이 이 모양이라면 살 만한 가치가 정말 있을까요? 어른들은 나중에 편히 살기 위해 지금 준비해야 된다고 하지만 어른이 돼서 생활에 쫓기지 않고 즐기면서 여유 있게 사는 사람이 얼마나 될까요? 우리 아이들이 살아갈 미래에 과연 지금 이렇게 돈과 시간을 쏟아부어 마구잡이로 가르친 것들이 얼마나 도움이 될까요? 언제 이 강제로 가르치기 행진을 좀 멈추게 될까요?

영어 공부

많은 사람들의 기대와 걱정 속에 제도 교육에서 정규 교과로 영어를 가르치게 되었습니다. 영어가 처음 학교에 들어온 해에는 학교가 온통 영어 가르치는 일에만 신경을 쏟았습니다. '중학교에서 실패한 영어 공부가 초등 학교에서 한다고 잘 되겠느냐? 초등 학교 선생들한테 어떻게 믿고 맡길 수 있느냐?'는 소리가 많았던 만큼 교육부는 이만저만 마음을 졸인 게 아닙니다. 그러다 일 년을 해 보고 '걱정했더니 괜찮네.' 하는 평가를 받고야 마음을 놓았다고 합니다. 이 정도의 성과를 얻기 위해 영어 교육에 쏟아부은 돈과 노력은 엄청났습니다. 3학년한테 영어를 가르치는 선생님 한 분이 '영어 가르치는 데 쏟는 노력과 정성을 다른 교과에도 그대로 한다면 아이들이 얼마나 신나하며 재미있게 공부를 할까?' 하고 몇 번이고 되풀이하더군요. 이러다가 나라 사정이 어려워져서 영어를 제대로 가르칠 교사들을 확보하지 못한다면 정말 큰일이에요. 시작하지 않은 것만 못할 테니 말입니다.

이제 영어를 가르쳐야 하느냐 말아야 하느냐 하는 논의를 할 처지가 아닙니다. 하기는 하는데 어떻게 하면 제대로 하느냐에 의견을 모아야 할 것 같습니다. 1학년 아이들도 어떤 식으로든 영어를 많이 배우고 있습니다. 학교에서 영어를 가르쳐야 한다고 주장하는 사람들 말은 다른 나라도 다 하고 있다는 겁니다. 그러면 다른 나라는 어떻게 외국어 교육을 하고 있을까 궁금해서 여기저기 알아보았습니다. 물론 우리 나라처럼 특별하게 관심을 쏟아붓는다든지 과외로 비싼 돈을 주고 하지는 않았습니다. 스위스에 있는 슈타이너 학교 3학년 교실에서 하고 있는 영어 수업을 보고 '저렇게 한다면 우리 나라 선생님들이 그렇게 겁을 내지 않아도 되겠다.' 했어요. 무슨 요란한 자료를 가지고 하는 것도 아니고 발음 때문에 특별히 신경 쓰는 것도 아니고 아주 쉬우면서도 자연스러웠어요. 또 외국어를 가르치는 나라들은 외국어를 가르치는 것 몇 배로 자기 나라 말과 자기 나라 문화를 아이들에게 가르친다는 겁니다. 정말 우리가 귀담아 들어야 할 말이더군요. 우리는 영어 가르치면 온통 영어에 모든 것을 다 걸고 우리 것은 아예 버리고 해야 하는 것으로 생각하는데 그게 얼마나 부끄러운 짓인지요.

아이한테 영어를 배우게 할 때, 영어가 꼭 배워야 하는 말이어서 배우는 게 아니라 이제 세계는 가까워져서 서로 말을 배우는 것뿐이라고 얘기해 주세요. 영어에 대해 특별한 우월감을 줄 필요는 없으니까요. 그리고 영어와 우리말을 섞어 쓰고 일기장에 영어를 섞어 쓰게 하는 일 따위는 시키지 마세요. 말과 글은 그 겨레의 정신이고 역사고 정서를 담아 내는 것이라는 것을 잊지 마세요. 한국 아이도 아니고 미국 아이도 아닌 어정쩡한 아이들이 많아진다면 우리 나라는 어떻게 될까요. 어디까지나 수단으로 배울 뿐이지 목적이 되어서는 안 됩니다.

집에서 가르칠 일

1학년뿐 아니라 윗학년 아이들 가운데에도 집에서 배워야 할 기본적인 것조차 배우지 못하고 학교에 오는 아이들이 있습니다. 어릴 때부터 몸에 익혀야 할 것을 못 배운 채 학교에 와서 여럿이 함께 지내자니 이만저만 힘든 일이 아닙니다.

그런데 어머니들은 아이들 교육은 몽땅 학교 선생님들에게 맡겨 버립니다. 공손한 인사나 말씨, 어른에 대한 예절, 쓰레기 아무 데나 버리지 않기, 절약하기 들 모두를 집에서 어느 정도 몸에 익히고 학교에

와서는 확인하고 실천해야 하는데 모두 선생님한테 미루더군요. 아이들이 부모 말을 안 듣는다는 거예요. 왜 아이들이 부모가 바르게 시키는데 안 들을까요? 요즈음 아이들이 나빠졌을까요? 아닙니다. 아이들은 예나 지금이나 어른에 비할 수 없이 순수하고 거짓이 없습니다. 지금 어른들이 권위를 잃었기 때문이지요. 아이들이 믿고 존경하지 않을 만큼 이 사회와 어른들은 아이들을 못 살게 하고 있습니다.

부모님들은 선생님이 참으로 중요하다고, 아이들이 부모 말은 안 들어도 선생님 말은 그대로 지킨다고 하시지요. 하지만 한 사람을 만드는 데는 집안 분위기와 부모님의 가르침이 99퍼센트를 차지한다고 봅니다.

그리고 물자가 너무 흔해서 그런지 요즈음 아이들은 도무지 아낄 줄을 모릅니다. 아무리 넉넉해도 아끼는 것은 아름답다고 아이들에게 가르쳐 주었으면 합니다. 자기 물건에는 이름을 꼭 쓰게 하고 색종이, 두꺼운 종이 들은 남으면 모아 뒀다가 다시 쓰게 해 주세요. 또 찰흙판 따위는 한 번 사서 계속 쓰게 하고 남이 버린 물건이라도 쓸 수 있으면 더 쓰게 하고요.

잘 살펴보면 아껴 쓸 수 있는 물건이 아주 많습니다. 아끼는 버릇은 아주 어릴 때부터 철저히 가르쳐야 합니다. 공책이나 연필 따위 학용품을 너무 많이 준비해 놓아서 아이들이 이런 것을 대수롭지 않게 여기는데 공책 한 권, 연필 한 자루도 알뜰하게 쓰게 해야 합니다. 말로는 잘 안 되는 일이니 어른이 실천하는 모습을 보여 줘야겠지요. 아이들에게도 학용품을 알맞게 주어야지 많이 주면 잘 아끼지 않습니다.

또 하나 빼놓을 수 없는 것이 식사 예절입니다. 이제는 학교마다 급식을 하기 때문에 아이들이 학교에서 밥을 먹어요. 많은 아이들이 함께 밥을 먹기 때문에 식사 예절이 참 중요해요. 어릴 때부터 식사 버릇을 제대로 들여 놓으면 평생 동안 그대로 가잖아요. 음식 흘리지 않고 먹기, 음식 남기지 않고 깨끗이 다 먹기, 음식 가리지 않고 골고루 먹기, 음식 입에 넣고 말하지 않기, 너무 욕심내기 않기, 너무 늦게 먹지 않기 따위 지도할 것이 무척 많습니다. 집에서는 제대로 하지 않는데 밖에 나와서 잘 하기는 힘들잖아요. 음식을 깔끔하게 먹는 버릇은 그 자체로 예절이고 교양입니다.

버릇없는 아이

아이들과 생활하면서 아이들을 이해하고 아이들 눈으로 보려고 마음먹지만 그게 잘 되지 않는군요. 어떤 때는 아이들을 어떻게 이해해야 할지 판단이 안 설 때도 있어요. 오늘 있었던 일을 한번 들어 보세요, 제 생각이 잘못인지요.

아침에 학교에 가니 수줍음 많고 마음이 몹시 여린 현령이가 상자를 하나 내밀면서 이렇게 말했습니다.

"선생님, 이거 아이들한테 하나씩 나누어 주고 남는 건 선생님 드시래요. 곶감이에요."

상자 속을 보니 쨀쭉쨀쭉하고 말랑말랑한 곶감이 담겨 있었어요. 입 안에 넣기만 하면 사르르 녹을 것 같았습니다. 어릴 적 시골에 살 때 집 옆에 감나무가 있어서 홍시고 삭힌 감이고 곶감이고 마음껏 먹고 자란 저는 지금도 과일 가운데 감을 가장 좋아합니다.

'이 곶감을 언제 아이들에게 나누어 줄까?' 하고 생각하다가 쉬는 시간이 좀 긴 둘째 시간 뒤에 아이들에게 하나씩 나누어 주고 나머지는 내가 먹기로 했어요. 아이들 가운데는 곶감을 잘 먹어 보지 않아서 입에 넣지 못하고 손에 들고 있는 아이도 있어서 "곶감은 맛도 좋지만 영양가도 많고 약을 치지 않아서 더 좋다. 꼭 먹어라." 했습니다.

그런데 조금 있으려니 두 아이가 곶감이 남았으니 더 달라는 거예요. 저는 안 된다고 했지요. 그래도 굳이 달라고 해서 "너희들만 줄 수 없지 않니?" 하면서 안 주었어요. 아이들은 포기하지 않고 쫓아왔습니다. 끝내 안 주자 한 아이는 얼굴을 붉히며 화가 잔뜩 난 얼굴로 "선생님은 뚱돼지다. 왜 더 많이 먹어요!" 하고 말했습니다.

나는 곶감이 담긴 통을 창가에 두었는데 그 아이들은 선생님이 안 볼 때 훔쳐 먹자고 하며 뚜껑을 열다가 다른 아이들이 일러 주는 바람에 뜻을 이루지 못했습니다. 이렇게 더 먹겠다고 달라고 하는 아이들이 있는가 하면 어떤 아이는 안 먹는 아이들 것을 네 개나 더 먹기도 했습니다.

저는 이 일을 어떻게 봐야 할지 판단이 잘 서지 않았습니다. 화도

났습니다. 그러면서도 '내가 한 개씩 더 줄걸.' 하고 후회했지만 그렇게 생각해서 될 일인지 지금도 판단이 잘 서지 않습니다.

학부모들이 가져온 빵을 나누어 줄 때도 꼭 자기만 더 달라고 막무가내로 조르는 아이가 있습니다. 이런 일은 이번이 처음이 아니고 요 몇 년 동안 학년에 관계 없이 있는 일입니다. 전에 아이들은 그런 일이 없었어요. 어른인 선생님이 '똑같이 한 개씩만 주겠다.' 하면 그대로 받아들였지 조르거나 뺏으려는 생각은 하지 않았거든요.

아이들이 이렇게 크면 다른 어른은 물론 부모까지도 무시하려 들지 않을까요? 제 생각이 너무 지나친가요? 달리 생각해서 '아이들이니까 그렇지. 다 크면 어른 아이 구별하게 되는 걸 괜히 어른이랍시고 대접 받고 싶어 그러지.' 하며 스스로 반성도 해 봅니다. 그러면서도 '지금 이런데 어른이 된다고 잘 할까?' 하는 생각도 떨쳐 버릴 수 없습니다.

요즈음은 아이들이 한두 명인 데다가 할아버지 할머니와도 같이 살지 않으니 아이가 제일이잖아요. 먹을 것도 아이 먼저 주고, 아이들이 먹고 남으면 다음에 어른이 먹고 그러니까 아이들은 어디서나 자기가 먼저, 더 많이 차지해야 한다고 생각하기 쉽지요. 시험지나 공책을 나누어 주어도 두 손으로 받는 일은 드물고 한 손으로 빼앗듯이 잡아당겨 가져가는 아이들도 많습니다.

이런 일뿐 아니라 아이들과 지내다 보면 집에서 배워야 할 것을 못 배운 아이들이 참 많습니다. 가정 교육이 안 되고 있어요. 집에서 기본으로 배워야 할 버릇들까지 새로 가르치려니 힘이 듭니다. 더구나 어른에 대한 예의 따위는 자라는 동안에 보고 듣고 해서 자연스럽게 몸에 익혀야 하는데 교사가 말로 가르치려고 하니 참 막막하더군요. 말을 가려서 하는 일, 여러 사람과 양보하고 협동하는 생활, 어른인 선생님 말을 따르는 공손함, 이런 점이 요즈음 아이들에게는 아쉽습니다.

말이 났으니, 조금 다른 얘기지만 할게요. 1학년을 맡고 나서 놀란 점이 있어요. 아이들이 그 전 아이들하고는 다르게 자기 주장이 분명히 서 있어서 교사가 아무리 좋다고 시켜도 자기 마음이 내키지 않으면 듣지 않더군요. 입학하고 운동장에 서서 무용을 하는데 한 남자 아이가 잠바 지퍼를 열어 놓아 옷자락이 펄럭거려서 무용하는 데 거치적거릴까 봐 지퍼를 잠가 주었는데 곧 다시 열어 버리더군요. 이런 일말고도 "이렇게 하지?" 하면 "싫어요." 하며 제 생각대로 하는 일이 아주 많습니다. 전에는 상상하기 어려운 일이지요.

분명한 주장은 한편으로는 높이 살 일이지만 어른 말이라고 무조건 받아들이지 않겠다는 생각은 맹목으로 따르는 것보다 나을 게 없습니다. 어릴 때부터 사람되는 공부를 가르치기 전에 영재 교육이다 뭐다 해서 글자 교육만 죽어라 해 대니 예의 있고 정 있는 아이로 크지 못하는 거지요.

자기만 아는 아이

〈몽실 언니〉를 쓰신 권정생 선생님께서 몇 년 전 어느 강연회에서 이런 말씀을 하셨습니다.

"아이들을 훌륭한 사람으로 키우려고 하지 말고 남에게 피해를 주지 않는 사람으로 키웠으면 합니다. 그런 사람이 바로 훌륭한 사람입니다."

참 선생님다운 통찰력이었습니다.

1학년 아이들은 모두가 순수하고 곱지만 그래도 한 반에 몇 명은 아주 반 전체를 못 살게 하는 아이도 있습니다. 몇 가지 예를 보겠습니다.

도무지 쓰레기를 쓰레기통에 버리지 못하는 아이가 있습니다. 그런 아이일수록 쓰레기는 왜 그렇게 많은지요. 앉은 자리 아래에다 못 버리게 하면 책상 속에 가득 넣어 놓아 다음에 그 자리에 앉는 아이를 불쾌하게 만듭니다. 그까짓 버릇 하나 못 고치냐고 하시겠지만 끝까지 안 되더군요. 내가 잠시 잔소리하는 걸 잊어버리면 금방 수북이 쌓아 놓습니다. 심하게 야단치면 고치려나 하고 망신도 주어 봤지만 그래도 소용 없었습니다.

그런 아이일수록 다른 사람 흉을 잘 보고 학급 일에 협조도 잘 하지 않습니다. 아무래도 이런 것은 집에서 어머니가 가르쳐야 할까 봅니다. 교사가 그 아이한테만 매달릴 수도 없으니 어느 선에서 단념하고 말거든요.

다음으로 가장 힘든 아이가 아이들을 자주 때리고 귀찮게 하는 아이입니다. 자기는 장난으로 툭툭 친다고 하는데 당하는 아이들은 이만저만 괴로운 일이 아닙니다. 이런 아이들은 공부 시간에도 늘 소란스러워서 교사와 아이들을 괴롭게 합니다. 자기는 남을 귀찮게 하면서도 다른 사람이 자기를 놀리거나 건드리면 참지 못하고 때려서 울립니다.

이런 아이도 도무지 고칠 수 없습니다. 우리 반 아이인데 어디 딴 곳에 따로 놔 둘 수도 없고 타이르고 야단치다 하루에도 몇 번씩 이 아이와 싸우느라 다른 아이들을 돌볼 틈이 없습니다. 이 아이는 이런 생활을 즐기는 것 같기도 합니다. 모른 척하면 고칠까 하고 무관심하려고 하지만 그러면 아이들을 더 때려서 울리거나 심하게 떠들어 도저히 참지 못하고 화를 터뜨리게 됩니다.

물론 어머니와 몇 번씩 의논해 보았지만 어머니도 아이에게 화만 낼 뿐 원인을 찾지 못합니다. "내가 뭐라 했니? 학교 가서 잘 하라고 했지?" 하고요.

 이런 행동을 하는 까닭은 그리 단순하지 않습니다. 공부 열심히 하고 얌전하게 행동해서 칭찬을 받고 관심을 끌려고 하는 아이와 마찬가지로 이상한 행동으로 교사의 관심을 끌려고 그러기도 하고, 기운도 세고 잘 하는 것도 많은데 실제 학교에서는 함께 맞추어 다 같이 잘 하자는 곳이니 자기 존재를 두드러지게 뽐낼 기회가 그리 많지 않지요. 그러다 보니 어떻게든 자신을 드러내고 싶어서 그러기도 하고요. 집안에 문제가 생겨 부모가 그 전만큼 자기에게 관심을 보여 주지 못하는 데서 오는 불안과 불만도 원인이 됩니다. 또 버릇이 잘못 들어서 그렇기도 하고요. 야단만 치기보다 관심을 보여 주고 말로 타이르기도 하지만 이런 아이들일수록 감정의 변화가 심해서 행동을 고치기는 어렵습니다. 부모가 아이에게 공부를 심하게 시키고 잘 하는 동무와 비교하면서 재촉해도 아이는 남에게 피해를 주는 행동을 함으로써 억압된 마음을 풀려고 합니다. 1학년 때는 이렇게 심한 행동은 나타나지 않지만 비슷한 아이는 있습니다. 한 반에 한두 명밖에 안 되지만 반 전체를 일 년 동안 휘젓는다고 생각해 보세요. 작은 일이 아니지요.

 이건 좀 다르긴 합니다만 청소 같은 힘들고 지저분한 일은 안 하려고 하는 아이도 있습니다. 대부분 공부를 잘 하는 아이나 반장이나 부반장 아이들이 잘 그러지요. 어떤 아이는 복도 먼지까지 남김없이 쓰는데 자기는 걸레 하나 들고 왔다갔다합니다. 청소하는 태도를 보면 빗자루를 휘둘러 먼지만 일으키거나 장난으로 다른 아이들을 방해만 합니다. 청소도 못 하지만 하겠다는 마음이 서 있지 않습니다. 허리 굽혀 쓸고 정돈하고 하는 것에 전혀 관심이 없습니다. 이런 마음 자세로 무슨 일을 할까 하는 생각이 듭니다.

 아이들이 어른들의 바른 가르침을 받고, 남을 존중하고 더불어 잘 살아야 한다는 믿음으로 자란다면 지금처럼 이렇게 살기 어지러운 세상은 안 될 텐데요. 그래도 저는 우리 반 아이들은 자라서 적어도 남에게 피해를 주는 사람은 되지 않을 거라고 믿고 있습니다.

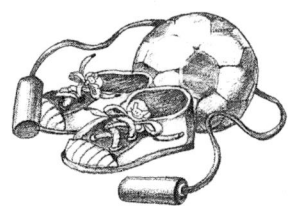

5장
공부는 어떻게
도와 줘야 할까요

집에서는 아이의 공부를 얼마나 도와 주어야 할까요?
일기 쓰기 지도나 독서 지도는 어떻게 해야 할까요?

과목에 따른 학습 지도

1학년 아이들은 입학해서 한 달 동안 〈우리들은 1학년〉이라는 책을 가지고 배웁니다. 전에는 전국 어린이들이 똑같은 책으로 공부를 했는데 새 교육 과정에서는 각 시, 도에서 지역 사정에 맞게 만든 책으로 공부를 하지요.

그러면 아이들이 학교에서 배우는 것을 집에서 어떻게 도와 주어야 할지 몇 과목을 들어 얘기해 볼게요.

3월 한 달 동안 배우는 〈우리들은 1학년〉에서는 글자를 읽고 쓰는 공부는 거의 하지 않습니다. 주로 생활 지도에 관한 내용으로 되어 있어요. 긴 학교 생활을 시작한 아이들이 여럿이 모여 공부하려면 어떻게 해야 하는지, 또 학생이 된 어린이 자신의 생활은 어떻게 해 나가야 할까 하는 것 들이지요. 학교에 있는 여러 시설물들을 쓰는 방법이라든지 운동 기구를 안전하게 쓰는 법, 규칙과 질서 지키기, 동무들과 사이좋게 지내기, 예절 생활에 관한 것 들입니다.

〈우리들은 1학년〉을 배우는 동안 집에서도 부모님들이 그 날 배운 것을 물어 보고 다시 한 번 세심하게 지도해 주면 좋겠습니다. 예절이나 기본 생활 지도는 한두 번으로 되는 것이 아니고 되풀이해서 말하고 어른들이 행동으로 보여 주어서 아이들 몸에 배게 해야 하니까요.

예를 들어 공손하게 인사하는 법을 배우고 와서 오늘 배운 것을 자랑하며 그대로 할 때 "○○아, 오늘 공부 참 잘 했구나." 한다든지, 음식을 먹을 때 선생님이 말씀하셨다면서 어른들이 먼저 드시면 다음에 따라 먹겠다고 했을 때 크게 칭찬해 주세요. 그러면 아이는 학교에서 배운 것을 완전히 자기 것으로 만들 수 있지요. 부모님들은 이런 생활 지도가 저절로 되는 것으로 생각하시고 별로 관심을 갖지 않는데 안타까울 때가 많아요. 평생 동안 지니고 살아갈 생활 버릇을 이 때 배운다고 생각하면 소홀할 수가 없습니다.

아이들이 갈수록 감정을 조절하기 어려워 잘 싸우고 소리지르고 하는데, 아이에게 자기 감정을 잘 표현하는 법을 가르치면 좋겠어요.

국어 공부에서는 자기 얘기를 할 때 또박또박 자신 있게 말하도록 가르쳐야겠습니다. 많은 아이들이 말을 시원스럽게 못 하는데 그 문제에 대해서는 부모님들도 까닭을 생각해 보셨으면 합니다.

저학년에서는 자주 큰 소리로 책을 읽는 연습을 해야 합니다. 그래야 읽으면서 높낮이, 빠르기 같은 것을 자기 귀로 듣고 조절할 수 있으니까요. 어머니가 옆에서 도와 주시고요. 꼭 교과서가 아니더라도 아이들이 읽을 만한 내용이면 읽혀도 좋겠지요. 읽은 내용을 몸으로 표현하면서 목소리까지 흉내내 보게 해도 좋습니다. 이렇게 여러 번 하다 보면 표현에 자신감을 얻게 되지요. 어린 아이들이 배우는 국어책을 재미있으면서 곱고 깨끗한 우리말로 된 이야기들로 엮으면 얼마나 좋을까요.

요즈음은 네다섯 살부터 아이들이 글자를 익히고 쓰고 해서 1학년이지만 읽고 쓰는 데 어려움이 별로 없어요. 그런데 가장 문제가 되는 것은 연필을 바로잡는 것과 차례에 맞게 글자를 쓰는 것입니다. 처음 배울 때 잘못 되면 아주 고치기 어려워요. 1학년 때부터 바로잡게 하려고 해도 안 되고 2학년 가서 또 선생님이 안타깝고 보기 안 좋아 바로잡아 주려고 하시만 끝내 안 되더군요. 그러니 처음이 얼마나 중요한지요. 손가락보다 손목에 힘을 주도록 해 보세요. 아이들은 손목은 그냥 두고 손가락에만 잔뜩 힘을 주니 힘들기만 하거든요.

아이들이 글씨 쓰는 걸 보면 속상할 때가 한두 번이 아닙니다. 아무리 바로잡으려 해도 안 되고, 그냥 두자니 속상하고 그래요. 아이들이 글자를 모르고 학교에 들어와서 글자 하나하나 깨칠 때보다 미리 다 알고 들어오는 지금이 필순이나 맞춤법이 더 나빠졌습니다. 그것은 2학년을 가르치는 선생님들도 하시는 말씀이세요. 쓰기 교육은 더 안 되고 있다고요. 우리 반에 한 남자 아이는 학교 들어올 때 겨우 제 이름 쓰고 들어왔는데 지금 그 아이는 글씨가 어찌나 바르고 예쁜지 모르겠어요. 글씨도 거의 틀리지 않아요. 하나하나 바르게 배웠기 때문이지요.

〈우리들은 1학년〉에 보면 닿소리와 홀소리 쓰는 차례가 있는데 차례에 맞게 쓰는 연습을 집에서도 많이 시켜 주세요. 닿소리 가운데 'ㄹ' 'ㅁ' 'ㅂ'을 가장 주의해서 지도해 주세요. '글자 다 아는데 뭐.' 하고 안심하지 마시고 잘못할 때는 꼭 지적해서 고치게 해 주세요.

아이들이 많이 틀리는 글자 몇 개를 보면 '그래서(그래서)' '그런대(그런데)' '~하고 있는대(있는데)' '네가(내가)' 따위인데, 이상한 것은 아무리 다시 가르쳐 주어도 바로 쓰지 못한다는 겁니다. 결국 6학년이 되어서도 이렇게 씁니다. 학년이 올라가도 '갔다'와 '갖다'를 구별 못 하고 '안'과 '않'을, '있다'와 '잇다', '맛'과 '맞', '되'와 '돼', '많'과 '만'이 구별이 안 돼 그냥 아무거나 씁니다. 또 '이러케(이렇게), 바께(밖에), 업서서(없어서)' 같이 글자와 소리가 다른 글자들도 아주 많이 틀립니다. 한 마디로 우리말 교육이 말이 아니지요. 물론 예전처럼 글자 쓰기 교육을 열심히 안 한 탓도 있겠지요. '저절로 익히겠지, 점점 나아지겠지.' 하지 마시고 그 학년에 알아야 할 글자들은 틀림없이 바르게 쓰도록 집에서 관심을 가져 주셨으면 좋겠습니다.

과목 가운데 아이들이 가장 앞서 가는 게 수학입니다. 학교에서 하는 것보다 아이들은 훨씬 앞서 가 있습니다. 그러니 아이들이 얼마나 재미 없어하는지 몰라요. 답을 기계적으로 알게 하지 말고 과정을 잘 알도록 해야 합니다.

집에서 아무리 열심히 가르쳐도 '11-3'도 못 풀어서 어려움을 느끼는 아이가 몇 명은 있습니다. 다른 아이들은 척 알아 내는데 몇몇 아이들은 아주 고생합니다. 이것은 아이들이 잘못하는 게 아닙니다. 이 나이 아이들은 구체 사물을 가지고 손이나 눈으로 보고 만지면서 수를 배워야 하거든요. 바둑알이나 그 밖에 다른 구체물을 놓고 여러 번 보태고 빼 보면서 머리에 그림이 그려지게 해야 합니다. 큰 수 가르치는 데 시간을 쏟기보다 그렇게 되는 원리를 가르치는 데 시간을 더 많이 써야겠어요.

아이들은 학습지를 많이 풀어 봐서 계산 문제는 아주 쉽게 합니다. 저학년 때 이렇게 잘 하는 아이들이 학년이 올라가도 그대로 잘 하면 좋겠는데 그게 잘 안 되니 이상하지요.

수학은 논리적인 사고가 필요한 과목이잖아요. 그렇기 때문에 답을 알아맞히는 것보다 풀어 가는 과정을 중요하게 생각해야 합니다. 하나하나 매듭 풀듯이 차례차례 생각해서 드디어 정답에 이르게 해야겠어요. 낱개를 10개 묶어 한 묶음이 되면 이것을 10이라고 한다는 것, 10 속에는 낱개가 10개 들어 있다는 것, 한 묶음과 낱개의 관계, 10개씩 묶음이 한 묶음 두 묶음 모여 수가 자꾸 커져 간다는 것. 이런 것이 머리에 차곡차곡 들어앉게 하고요. 수로만이 아니라 실제 생활에서도 논리적으로 과정을 밟아 생각하고 일을 처리하는 훈련을 하는 것이 수학적인 머리를 키우는 방법이 됩니다.

1학기 동안은 수와 친해지는 기간이라 별 어려움이 없는데 2학기 들어 응용 문제가 나오면 좀 달라집니다. 응용 문제는 무엇을 묻는지, 거기 나온 숫자들은 무엇무엇인지, 맨 먼저 생각해야 할 것은 무엇인지 하는 것을 따져 보는 과정을 밟아 풀어 가게 합니다. 글을 읽고 내용을 알 수 있다면 위의 과정대로 하면 문제는 풀리거든요. 그러니까 생각하는 법, 생각하는 차례를 가르쳐 주어야 합니다.

참, 〈우리들은 1학년〉을 할 때 숫자 쓰기가 먼저 나와요. 아직 손이 부드럽게 돌아가지 않아서 글씨가 예쁘지 않은데 숫자를 또박또박 쓰는 연습을 하게 합니다. '2'자나 '3'자가 풀어져서 갈매기 날아가는 꼴이 되는데 손에 힘을 주고 끝까지 잘 쓰도록요.

〈슬기로운 생활〉은 앞으로 과학을 잘 해 나가기 위한 걸음마 단계라고 생각하면 되겠습니다. 과학은 사물을 직접 관찰해서 이치를 깨닫고 실험하여 확인하는 것입니다. 그러기 위해서는 여러 감각 기관이 하는 일을 알아야 하겠고 그 감각 기관들이 살아 있어야겠지요. 눈으로 봐서 알고, 손으로 만져서 알고, 귀로 들어서 알고, 맛을 보고 코로 냄새를 맡아서 알게 하는 것이지요. 이론으로 가르칠 게 아니라 이렇게 여러 감각 기관으로 사물을 알게 하는 공부가 중요합니다.

1학기에는 우리 몸에 있는 감각 기관에 대해서 공부합니다. 이 감각 기관은 참으로 중요하잖아요. 자세히 정확하게 보고(시력이 좋다는 뜻이 아니라), 잘 듣고, 맛도 잘 보고, 냄새도 잘 맡아서 오감이 살아 있으면 사물을 받아들이는 것도 빠르고 정확합니다.

씨앗 관찰은 1, 2학기에 다 나오는데 여름철에 나는 과일 씨앗 모으기와 가을철 과일 씨앗과 열매, 풀 씨앗 모으기가 있습니다. 이 때는 온 식구들이 함께 하면 좋습니다. 씨앗을 구하러 시골 친척집에 가기도 하고, 식구들끼리 산으로 들로 가기도 하더군요. 자연 속에서 좋은 공부가 될 것입니다. 또 열매를 가지고 공부하고 난 뒤에 그것으로 놀잇감을 만드는 게 있습니다. 도토리로 여러 가지 재미있는 것을 만들어 보는 것에 도토리 팽이가 있어요. 도토리 윗부분에 송곳으로 구멍을 살짝 뚫어 이쑤시개를 꽂아 돌리는 건데요, 이 때 도토리말고 다른 것도 좋습니다. 우리 반 한 아이는 아파트에 많이 열리는 애기사과를 가지고 팽이를 만들어 왔는데 아주 잘 돌았어요. 작고 갸름한 밤으로 만들어도 되고, 잣도 된다고 합니다.

또 날씨 조사가 있습니다. 자연 현상을 가장 쉽게 가르칠 수 있는 것이 날씨 관찰이지요. 날씨는 나날이 다르고 하루 동안에도 여러 번 바뀐다는 것을 알고 신문이나 텔레비전에 나오는 날씨에 관심을 갖게 하면 저절로 공부가 되겠지요. 이런 것도 부모님이 다 해 주어서 아이는 구경만 하게 하지 마시고 아이가 스스로 하도록 하세요.

1학년에서는 글자를 바르게 알고 차례에 맞게 정성들여 쓰는 일이 가장 중요하고, 다음에는 무엇이든 직접 눈으로 보고 손으로 만져 보아 알게 하는 일에 중점을 두어야 합니다.

그리고 결과만 가지고 따지다 보니 그저 대강대강 해 버리려는 아이들이 많은데 이래서는 안 되겠어요. 너무 많은 양을 가르치려고 하기보다 정확하게 또 정성껏 하게 하는 태도를 길러 주어야 합니다. '최고로 멋있게, 온 정성을 다해서 꼼꼼하게.' 그러려면 많은 양은 안 되겠지요.

숙제 도와 주기

아이가 숙제를 제대로 못 하면 어머니는 참지 못하고 대신 해 줍니다. 어떤 아이는 상자를 가지고 여러 가지 꾸미기를 할 때, 겉면을 색종이로 다 발라 와서 거기다 색종이 몇 조각을 잘라 붙이고는 끝냅니다. 아이들이 제 손으로 한 것은 쭈글쭈글하고 잘 맞지 않지만 그렇다고 그 때마다 어머니가 해 주면 아이는 일 년이 지나도 늘지 않습니다. 실패를 하는 동안에 요령도 생기고 자신도 붙거든요. 흉하고 엉망이 되더라도 스스로 하게 하고 지켜 보세요. 그 대신 요령은 가르쳐

주어야지요. 종이에 풀칠을 할 때 전체에다 풀을 잔뜩 칠하는 게 아니라 가장자리를 꼼꼼히 칠하고 가운데는 두어 번 칠하고 붙이라거나, 동그라미나 조각을 오릴 때 색종이 가운데를 오려내지 말고 가장자리에서 오려내면 나머지는 또 쓸 수 있다는 것 따위 말입니다.

 1학년이기 때문에 아주 기본적인 것말고는 숙제가 거의 없어요. 전처럼 글씨를 많이 쓰게 하는 것도 아니다 보니 준비물 챙기기가 가장 큰 숙제라고 할 수 있지요. 숙제가 있어서 아이가 하고 나면 꼭 한 번 보세요. 제대로 했는지요. 함께 하는 게 아니고 아이 혼자 하는 거라면 "숙제 다 했니?" 하기보다 "다 해서 보여 다오." 하면 아이도 긴장하고 잘 할 거예요.

어떤 어머니는 글씨를 써 주기도 하더군요. 늦게 하니 안타까워서 그렇겠지요. 그 버릇이 3학년까지 계속되었고, 4학년 와서까지 이어지더니 선생님 보기가 민망한지 그만두더군요. 1학년도 어느 정도는 도와 줄 수도 있겠지만, 안쓰럽다고 쉬운 것만 아이 혼자 하게 하고 어려운 것은 대신 해 줘서는 안 되겠어요. 어떻게 해야 할지 모를 때 방법을 설명해 주고 될 수 있는 대로 아이가 해결하도록 합니다.

그림 일기 지도

그림 일기 쓰기는 1학기 마지막 단원에 나옵니다. 책에서는, 아이들이 1학기 동안 글자를 익히고 그 다음부터 경험이나 생각을 문장으로 쓸 수 있다고 보기 때문이지요. 그런데 많은 아이들이 벌써 유치원에서 그림 일기를 쓰다가 학교로 옵니다. 유치원 교육이 너무 앞지른다고 할까요.

어쨌든 아이들마다 차이가 심하고 또 아이의 요구나 부모님의 생각이 다 다르니 학교에만 의지하지 마시고 하실 수 있다면, 또 아이가 받아들인다면 집에서 어머니가 지도하셔도 됩니다.

그림 일기는 언제부터 하면 좋은가도 아이의 능력에 맞게 해야겠지요. 유치원 때 벌써 놀랄 만한 글을 쓰는 아이도 있으니까요. 그러나 부모의 욕심이 앞서서는 안 됩니다. 아주 어려서부터 일기를 써도 좋겠지만 그보다는 이 다음에 어른이 돼서도 꾸준히 쓸 수 있도록 하는 것이 더 중요하니까요.

그림 일기는 글을 다 익히지 못한 아이에게 그림으로 하루 일을 표현하게 하려고 쓰게 합니다. 그렇기 때문에 그림이 중심이고 글은 두어 문장 정도만 써도 됩니다. 그런데 그림이 또 문제입니다. 보통 그림을 그리듯이 크레파스로 꼼꼼히 색칠을 다 하게 하는 방식은 다시 생각해 봐야 합니다. 아이들이 힘들어하지 않고 싫증도 내지 않도록 쓰는 도구나 형식을 다양하게 하는 것이 좋겠습니다. 아이에게 여러 가지 도구를 준비해 주고 자기 하고 싶은 대로 그리게 하면 훨씬 재미를 느끼며 다양하게 해 나갑니다.

만약에 아이가 그림에 색칠을 꼼꼼하게 하고 싶어한다면 모르지만 처음부터 끝까지 색칠을 다 하게 할 필요는 없습니다. 그림 일기를 쓰는 방식이 정해져 있지는 않으니까요. 어떤 날은 글만 두세 줄 쓸 수도 있고, 어떤 날은 연필이나 볼펜, 사인펜으로 한 가지 색을 써서 그릴 수도 있고 또 어떤 날은 색사인펜으로 그리고 칠할 수도 있고, 다음 날은 크레파스로 꼼꼼히 색칠하기도 하고요.

그러나 글씨를 잘 쓰고 문장력도 있는 아이라면 굳이 그림 일기를 권하지 않아도 좋습니다. 아이에 따라 또 담임의 지도 방식에 따라 그림 일기를 쓰지 않을 수도 있습니다. 아이에 따라서는 글을 많이 알기 때문에 그림 없이 글로 다 표현하고 싶어하는 아이가 있을 거예요. 그러면 아이 뜻대로 하게 해 줍니다.

아이에게 그림 일기를 쓰게 하든, 그냥 일기를 쓰게 하든 목표가 뚜렷이 서 있어야 합니다. 일기를 통해서 아이에게 무엇을 길러 주고 싶은지 말입니다. 요즈음엔 다섯 살짜리 아이 말을 어머니가 옮겨 쓴 일기도 나오고 초등 학교 2학년 아이가 유치원 때부터 쓴 일기도 책으로 나와 있더군요. 그것을 보고 좋은 점은 본뜨고 좋지 않은 것은 되풀이 하지 않기 위해 참고로 삼을 일이지 '우리 아이도 저렇게 키워 책으로 내면…….' 하는 욕심을 가지고 시작해서는 안 될 일입니다.

일기를 쓰게 하는 까닭

일기 쓰기 지도는 거의 모든 선생님들이 하고 계시지만 교육 과정에 꼭 하게 되어 있지는 않습니다. 선생님 자신이 필요하다고 생각해서 하지요. 그러니 아이 담임 선생님이 일기 쓰기를 시키지 않는다고 원망할 일은 아닙니다. 같은 학교 같은 학년에서 어느 반 선생님은 열심히 일기 쓰기 지도를 하시는데 어느 반이 일기 쓰기를 하지 않으면 그 반 학부모는 학교에 전화를 걸어 교장 선생님이나 교감 선생님한테 어느 반은 열심히 일기 쓰기를 시키는데 자기네 반은 안 한다고 불평을 합니다. 그런 소리를 들은 담임은 몹시 불쾌해하거나 어쩔 수 없이 하게 됩니다. 이래서는 안 되지요. 담임마다 특색이 있고 나름대로 학습 지도 계획이 있는데 다른 반이 하니 우리 반도 해야 하는 것은 아닙니다.

제가 아이들에게 일기를 쓰게 하는 까닭 가운데 하나는 아이들에 대해서 좀더 잘 이해하기 위해서입니다. 집안 분위기, 집에서 지내는 생활을 좀 알아야 그 아이에게 맞는 말을 한 마디라도 해 줄 수 있거든요. 제대로 알지 못해서 아이 마음에 상처라도 주게 된다면 그보다 더 큰 잘못이 어디 있겠어요. 또 하나는 일기를 꾸준히 쓰면 표현력이 좋아집니다. 사실 지도라고 하지만 교사가 마음먹고 지도하기는 어렵습니다. 일기는 그 날 보고 그 날 돌려 줘야 하기 때문에 반 아이들 일기를 대강이라도 모두 읽기는 벅찹니다. 다른 일도 정신을 차릴 새 없이 많은데 아이 한명 한명을 붙잡고 지도하기란 거의 힘들지요. 그러니 아이 하나하나는 어머니가 지도하는 게 가장 좋습니다.

1학년 1학기가 끝날 때 그림 일기가 나오는데 그것은 일기 쓰기 시작을 알리는 것이지 교육 과정으로 일기 쓰기를 꼭 해야 한다는 얘기는 아닙니다. 될 수 있으면 쓰게 지도하라는 것이지요. 아이들이 쓸 수 있는 수준이 어떤가에 따라 시작하는 시기를 당겨도 되고 늦춰도 된다고 생각합니다. 만약 아이들이 모두 글자를 깨치고 들어온 반이

라면 입학하면서부터 시작해도 되겠지요.

  우리 반 아이들이 일기 쓰는 것을 보면서 드는 생각은, 1학년은 일기 쓰기가 글자 깨치는 공부 자리라는 겁니다. 1학기 동안 글자를 잘 모르던 아이가 2학기에 들어 글씨도 예쁘고 일기도 아주 잘 써서 방학 동안 집에서 열심히 글자를 익힌 줄 알았더니 일기 쓴 것밖에 없다고 해요. 일기 쓸 때 어머니가 모르는 글자 가르쳐 주고, 아이가 틀리게 쓴 글자가 있으면 가르쳐 주고 하면서 아이가 글자를 다 익혔다고 해요. 그렇다고 어머니가 일기 쓰기 시키면서 글자 공부를 억지로 시킨 건 아니고요. 아이가 표현하고 싶은 말이 있으니 그것을 쓰게 한 거지요. 일기를 꾸준히 쓰는 아이와 안 쓰는 아이의 차이점이 있습니다.

쓰는 아이는 글씨가 점점 힘차게 되고 반듯해지는데 안 쓰는 아이는 글씨가 늘 그대로예요. 또 쓰는 아이들은 띄어쓰기가 점점 좋아지더군요. 문장력도 늘어나고요.

제가 아이들과 일기 쓰기를 시작할 때 이런 효과를 노린 것은 아니었어요. 아이들 사정을 알고, 일기 쓰는 버릇을 어려서부터 들여 주려고 해서 시작한 것이었지요.

다시 한 번 얘기하지만 아이가 일기를 쓸 때 어른의 눈으로 완벽한 표현을 요구하지 마세요. 유치원 때나 1학기 때 집에서 쓰게 하더라도 '언제, 어디서, 누가, 왜, 무엇을, 어떻게 했다.'는 형식을 갖추게 해서는 무리입니다. 어릴수록 한두 줄이라도 내뱉듯이 썼으면 잘 했다고 칭찬해 주세요. 그러다가 글자를 많이 알고 활동 범위도 넓어지고 하면 조금씩 형식을 가르쳐 가는 거지요. 그런 지도는 2학기부터 해도 괜찮습니다.

일기 쓰기에 재미를 붙이려면

1학년 아이들에게는 특별한 지도가 필요 없고 일기를 쓰는 재미만 갖게 하면 됩니다. 그런데 사정은 점점 어려워 가는군요. 아이마다, 학교마다 사정은 다르겠지만 1학년도 좀처럼 한가한 아이가 없어요. 그것이 일기를 쓰는 데 큰 걸림돌이 돼요. 학원 다니는 것은 말할 것도 없고, 부모님을 따라 어디에 가는 일도 많다 보니 일기 쓸 시간이나 마음이 거의 없어요. 그나마 이렇게라도 써 올 수 있는 것은 1학년이니까 가능한 일이 아닌가 생각해요. 1학년 아이들은 아직 꾀를 내거나, 힘들어도 힘든 줄 모르니까요. 그리고 부모님이 하라고 하면 싫다고 하지 않고 그대로 하니까요. 같은 일이라도 1학년 때는 하던 것을 학년이 올라갈수록 안 하게 돼요. 그러니 여러 가지 일 가운데 일기 쓰기가 자연 밀려날 수밖에요. 짧게라도 날마다 기록하는 버릇을 꼭 들여 주는 게 좋겠습니다. 아이가 앞으로 살아가는 데 꼭 필요한 일이기도 하고 기록은 바로 역사이니까요.

또 일기를 쓰게 할 때 어머니들은 마치 일기를 숙제처럼

"일기 썼니?"

"일기 써라."

하고 소리쳐서 쓰게 하는데 좋은 방법이 아니에요. 어떤 때는 시골에 갔다가 밤 12시에 도착해서 아이가 조는데도 굳이 일기 쓰고 자라고 떠밀기도 하는가 봅니다. 그럴 때는 아주 짧게 '언제 어디에 갔다가 차가 밀려 밤 몇 시에 집에 왔다.' 하는 정도만 쓰게 하는 게 좋겠지요. 아니면 다음 날 쓰게 하든지요. 하루 정도는 안 써도 괜찮거든요.

꼭 자기 전에 쓰게 하지 않아도 됩니다. 놀 것 다 놀고 할 일 다 하고 자려고 할 때 부모님이 "일기 썼니?" 해서 억지로 일기를 꺼내 쓰는 아이들이 대부분인데 저녁밥 먹기 전이 더 좋을 것 같습니다. 그 때 못 썼으면 저녁 먹고 난 뒤에 곧 쓰든가. 그리고 어머니가 바쁠 때는 할 수 없지만 그렇지 않을 때는 어머니도 아이 옆에서 가계부나 수첩을 꺼내 놓고 그 날 일을 적으면서 기록하는 모습을 보여 주면 더 좋겠지요.

일기 지도에서는 글감을 잡아 내는 일이 가장 중요합니다. 어떤 아이는 특별히 지도를 안 해도 글감을 잘 잡아 쓰는데 어떤 아이는 쓸 게 없다거나, 무엇을 써야 하는지 몰라하며 가르쳐 달라고 조르기도 합니다. 하루 종일 많은 일이 있었는데 그것을 다 쓰자니 너무 힘들고, 또 어린 아이들은 하루 일 가운데에서 어느 한 가지에만 특별한 감정을 가지지는 않기 때문에 어떤 이야기를 써야 할지 모르는 건 당연하지요.

이럴 때는 우선 꼭 쓰고 싶은 얘기가 있는가를 알아보고, 있다면 그걸 쓰게 하고 그래도 안 되면 있었던 일 가운데에서 아무거나 짧게 쓰게 합니다. 그러면서 아이가 자기 생활이나 둘레에서 일어나는 일에 대해 잘 살펴보는 버릇을 들이도록 합니다. 아이와 어떤 일에 대해서 서로 이야기도 나누고, 나가서 보고 들은 일을 말하게 하면서 아이가 둘레 일에 관심을 가지게 합니다. 아이가 글감 잡기에 눈을 뜨기만 하면 쓸 이야기는 너무 많습니다.

아이들이 어떤 내용을 쓰고 있는지 한번 보지요.

● 학교에서 있었던 일

1998년 11월 2일 월요일. 비.

비

한상훈

나는 친구들과 학교에서 수학익힘을 하다가 갑자기 비가 와서 천둥 번개까지 쳤다. 나는 깜짝 놀래 갖고 밖에 가서 비가 오는 것을 보았다. 나는 너무 추워서 문 앞에서 보았다.
교실에 들어가 보니 깜깜했다. 비가 와서 그렇다. 방송까지 울렸다. 나는 수학익힘 하는 것을 잊었다. 그래서 빨리 했다.

1학년 아이들은 조그만 일이라도 생기면 선생님이 말려도 아랑곳하지 않고 뛰어나가 구경을 합니다. 이 아이도 갑자기 캄캄해지면서 천둥 번개가 치고 비가 쏟아지니까 그냥 밖으로 뛰어나간 모양입니다. 그런데 대부분의 아이들은 집에 가면 다른 바쁜 일에 정신이 없기 때문에 이런 일들을 생각해 내지 못하는데, 이 아이는 생각해 내서 글로 썼습니다.

또 다른 아이 글을 볼까요.

1998년 10월 13일 화요일. 맑음.
물고기
정재원

나는 처음에 일기를 쓸 때 뭐라고 쓸지 몰랐다. 생각해 보니까 예지가 물고기를 가져온 것을 썼다. 그런데 내용을 뭐라고 쓸지 몰랐다. 또 생각해 봤는데 쓸 거리가 많았다. 선생님이 찾아오라고 하는 것도 있고, 김진영이 숨긴 것도 썼다.

이 어린이 글은 자기만이 아는 이야기로 되어 있습니다. 김예지라는 아이가 물고기를 조그만 병에 넣어왔는데 그것을 김진영이 숨겨 놓았어요. 예지가 물고기가 없어졌다고 울기에 제가 아이들한테 찾아오라고 했는데 그 이야기를 쓴 것입니다. 처음에는 일기장을 놓고 무엇을 써야 할지 몰라하더니 생각해 보고 하나하나 떠올려서 쓴 이야기입니다.

● 책 읽은 이야기

1998년 10월 13일 화요일. 맑음.
'내가 처음 쓴 일기'를 읽고
김예지

학교에서 책을 읽었다. 선생님께서는 그 일기책은 시골에 1학년 어린이들이 쓴 것이라고 했다. 나는 놀랐다. 나보다 더 잘 썼기 때문이다. 그리고 그 일기책에 그려 있는 그림도 예뻤다.
나는 기분이 좋았다. 나보다 더 잘 쓴 사람이 있었기 때문이다.

나는 기뻤다.

1학년이라 독후감을 쓸 수준은 아니지만 책을 읽고 자기 느낌을 쓸 수는 있어요. 책 읽은 이야기도 좋은 쓸 거리가 되지요.

● 집에서 있었던 일
1998년 10월 7일 수요일. 맑음.
심심했다
김수연

나는 오늘 학교 끝나고 너무 심심하여 수첩에 적혀 있는 친구 전화 번호를 눌러 봤다. 영원이는 없고, 진선이와 미리는 안 되고, 지윤이랑 은지는 따른 친구네 갔고, 이지은은 잠을 자고 있어서 나도 잘라고 했는데 그냥 자지 않고 텔레비전을 보았다.

● 재미있게 논 일
1998년 10월 9일 쇠요일. 맑음.
병원 놀이
강소미

오늘 집에서 소정이랑 내 방에서 병원 놀이를 같이 했다. 주사는 사프로 했고, 소독약은 유지에다 네모로 접어서 물로 묻혔다. 진찰기는 장난감으로 했다.

병원 놀이를 시작했다. 소정이는 손님으로 하고 나는 간호사로 했다. 소정이가 "배가 아파요." 하고 말했다. 그래서 나는 뱃속에 병균이 많이 들어가 있다고 말했다. 그래서 소정이가 죠리퐁이 약이라고 해서 소정이가 받아 갔다.

두 자매가 놀고 있는 모습이 눈에 그대로 그려지며 저절로 웃음이 납니다.

- 공부한 것

1998년 11월 2일 달요일. 맑음.
너무 못 하겠어요

한은지

오늘 학교에서 둘째 시간에 수학익힘 60쪽과 61쪽을 하였다. 61쪽이 너무 어려워서 생각하는데 맨 마지막 게 어려웠다. 생각해도 생각이 안 났다. 선생님께서 모르는 것이 있으면 놔 두라고 하셨다.

나는 정말 모르는 것을 하고 싶은데 못 했다. 내 머리가 나쁜 건지 생각이 안 나는 건지.

1998년 11월 6일 쇠요일. 맑음.
나무 이름

한은지

나는 오늘 학교에서 나무 이름이 너무 재미있었다. 슬기로운 생활에서 예쁜 단풍잎, 예쁜 은행나무, 여러 잎, 여러 나무에 대하여 나무의 이름을 많이 알았다. 이상한 나무 이름도 있고, 외국에서 들어온 나무 이름도 있고, 웃음이 나올 정도로 예쁜 나무 이름도 있었다.

나는 나무 이름이 한 개인 줄 알았는데 3가지도 있었다. 나는 책이 우리를 가르쳐 준다고 생각했다.

학교에서 공부한 이야기를 썼습니다. 좀더 자세히 썼으면 더 재미있겠지만 1학년이라 자세한 내용을 다 생각해 내기는 어려운가 봅니다. 이런 일기를 보고, 다시 하나하나 물어서 기억을 되살려 내게 하면 궁금한 얘기를 더 자세히 알게 되겠지요. 또 묻혀 있는 기억들을 다시 불러 내어 그 때 상황을 다시 나타내 보게 하는 것도 좋은 공부가 됩니다.

● 그 밖에
1998년 9월 25일 쇠요일. 맑음.
학교

원혜영

오늘 학교 끝나고 집에 가는데 갑자기 우리 학교를 둘러보고 싶었다. 그래서 나는 길을 걷다가 다시 학교 뒷문으로 들어갔다. 그리고 학교 구석구석을 살펴보았다. 1학기 때 본 솔이끼가 많이 자라고 있고, 급식을 만드는 곳에서 연기가 났다. 또 운동장에서는 언니, 오빠들이 뛰고 있었다. 그리고 나는 정문으로 나왔다.

1학년답지 않지요? 벌써 소녀 같다는 생각이 듭니다. 올 1학기 때 학교를 한 바퀴 돌다 보니 학교 뒷담 틈에 솔이끼 씨앗이 날아와 앉아 자라고 있는 게 신기해서 우리 반 아이들한테 보라고 하고 이름을 알려 주었는데 이 아이는 이름까지 잘 기억하고 있네요. 또 한 편을 보지요.

1998년 11월 6일 쇠요일. 맑음.
집 설계

조원용

오늘 아빠가 아빠 친구 집을 도화지에 설계를 하셨다. 우리 집도 나중에 예쁘게 지었으면 좋겠다.

우리 반 막내가 쓴 일기예요. 어린 아이가 이렇게 본 것과 생각한 것을 글로 담아 내는 것도 신기합니다.
글감을 찾기 위한 방법을 좀더 자세히 살펴보겠습니다.
'학교 가면서 있었던 일'
'학교에서 공부한 것과 논 일'
'집으로 돌아오면서 있었던 일'
'집에 와서 있었던 일'
이렇게 나누어서 쓸 거리를 찾습니다. 그 날 있었던 일이 아니라도 평소 마음 속에 품고 있던 생각을 쓸 수도 있습니다. 또 시를 쓸 수도 있고요. 두 아이의 글을 보겠습니다.

1993년 10월 3일 일요일. 맑음.
어른들이 어린이 마음을 몰라 주는 나라
최보름

어른들은 내 마음을 몰라 준다. 그래서 어른들께 편지를 쓸 거다. 어떻게 쓰냐면
어른들께
엄마 아빠는 내 마음 몰라 줘요. 엄마 아빠는 왜 잘못 안 해도 꼭 화만 내요. 그런 점을 고쳐 주세요. 그것 하나 고쳐 준다면 엉덩이에 뿔나요? 물어 보고 싶은 말이 있어요. 왜 꼭 저 마음 모르면서 화만 내요. 엄마 아빠 제 소원은 엄마 아빠께서 화를 안 내시는 거예요. 최보름 올림.

1993년 11월 12일 금요일. 비 조금.

시

박성희

오늘 상가에 갔는데 비가 왔다. 시가 떠올랐다.

비

비가 오면
나무와 풀은 좋겠다.
목욕도 하고
물도 먹으니까

나는 이 시를 지으면서 좋았다.

    그런데 아이들이 시를 잘못 생각해서, 일기 쓰기 싫으면 시라면서 짤막하게 쓰고 마는데 그것은 못 하게 해야겠습니다. 이렇게 쓰면 그저 장난스럽게 말만 만들어 놓은 글이 되어서 일기도 안 되고 시도 안 되거든요.
    이 밖에도 날씨나 동식물을 기르며 관찰해서 쓰는 일기도 좋습니다.
    1학년 아이들은 일기 쓰는 요령을 몰라서 그 날 한 일을 하나도 빠트리지 않고 다 쓰기 때문에 어느 때는 세 쪽이 넘을 때도 있어요. 또 어찌나 기억력이 좋은지 재미있는 놀이를 했으면 누구 다음에 누가 했고, 누구는 어떻게 하다 어떻게 죽고 하는 이야기를 아주 자세히 씁니다. 1학년 아이들에게 긴 이야기를 다 쓰지 말고 줄여서 쓰라고 하자니 아이들이 받아들이기 어려울 것 같고, 하루 일 가운데서 가장 마음에 남는 이야기를 잡아 쓰라고 강조하기도 어렵습니다.

그렇지만 마음 속으로는 걱정이 됩니다. 길게 쓰려면 시간이 오래 걸릴 텐데 그러다 싫증이 나 안 쓰려고 하면 어쩌나 해서요. 그래서 짤막하게 잘 쓴 아이 일기를 읽어 주면서 "길게 쓸 거리를 줄여서 짧게 써도 아주 좋다."는 얘기를 몇 번 해 주었더니 길이를 스스로 조절하더군요.

일기 내용에 대해서는 간섭하지 말아야 합니다. "왜 너는 이 얘기는 안 쓰고 그런 안 좋은 얘기를 썼니?" 한다든지 집안의 안 좋은 얘기는 창피하니 쓰지 말라고 해서도 안 됩니다. 아이가 스스로 겪었거나 생각한 일이라면 무엇이든 마음껏 쓰게 해야 합니다. 1학년 아이들은 감정이 아주 단순하기 때문에 느낌을 쓰지 않고 한 일만 씁니다. 그런 아이들한테 느낌을 쓰라고 강조할 필요는 없습니다.

띄어쓰기나 맞춤법에도 너무 신경을 쓰지 않았으면 합니다. 모르는 글자만 가르쳐 주고, 일일이 고쳐 주려고 하지 마세요. 차츰 글자를 알게 되면 해결되니까요.

지도 방법을 좀더 자세히 말씀드려 보지요. 일기니까 날짜와 요일, 날씨를 빼놓지 않도록 합니다. 문방구점에서 파는 일기장을 보면 일어난 시간, 오늘의 착한 일, 오늘의 반성 따위가 있어 내용말고도 여섯 군데를 더 써야 하는데 일기 속에 이런 얘기들이 자연히 들어가니 따로 쓸 필요는 없습니다. 그리고 이렇게 형식이 있는 일기장말고 칸칸이 나누어진 종합장에 써도 됩니다.

길이는 상관이 없습니다. 길거나 짧거나 쓰는 아이가 정할 일이지요. 또 일기는 제목을 정해서 쓰면 무엇을 써야 할지 내용을 잡기 쉽고 범위도 저절로 정해집니다. 그렇지만 1학년 아이들은 한 가지 이야기를 쓰다가 전혀 딴 얘기가 생각나면 그것도 쓰고 하니 나무라지 마세요.

일기는 그 날 겪은 일을 쓰는 것이니까 그 일이 일어난 때와 곳을 밝혀야 하는데 밝히지 않는 것이 계속될 때는 지도를 해야 하겠지요. 그러니까 막연하게 오늘이라고 하지 말고 학교에서인지, 오후인지, 저녁인지 밝혀 쓰게 하세요. 또 그 일이 일어난 곳이 운동장인지 놀이터인지 시장인지 길가인지도 밝혀야 분명한 글이 됩니다. 아이들 일기를 보면 잘 쓰는 아이도 무조건 '나는 오늘' 로 시작하는데 이것이 버릇이 되어 뒤에 오는 말과 맞지 않는데도 늘 쓰더군요. 일기 쓰기가 어느 정도 능숙해지면 이런 것도 고치면 좋겠습니다.

내용 지도에 들어가서는 아이가 좀더 자세히 표현할 수 있는데도 대강 썼다면 "이런 대목을 더 자세히 쓰면 좋겠다." 하고 지적해 줍니다.

다음 글을 보지요.

1993년 10월 14일. 구름.

설거지

주현아

오늘 엄마가 나가셔서 설거지를 우리가 했다. 설거지는 참 재미있었다. 하지만 어른들은 일거리가 모두 힘들다고 했다.

우리 엄마가 오시면 칭찬해 주시겠지?

이 어린이는 요일을 뺐군요. '우리' 라고 했는데 읽는 사람은 누구인지 알 수 없습니다. 또 설거지를 했더니 재미있었다고 했는데 말만 그렇지 어떻게 했길래 재미있었는지 알 수 없습니다. 설거지한 과정을 조금이라도 썼으면 실감이 날 텐데 말입니다. 이런 지도는 1학년한테는 무리일지 모릅니다. 그러니 아이의 능력을 봐 가면서 하나씩 지도해야 합니다.

아무리 어른들이 좋다고 하는 일도 아이들에게 짐이 되면 안 되겠지요. 너무 많은 짐을 지우면 놀 시간도 없는 아이들에게 일기가 또 하나의 짐이 될 수 있습니다.

이 아이의 일기를 좀 보세요.

1993년 9월 21일 화요일. 맑음.

김현령

나는 오늘 책을 읽고 싶었다. 그런데 할 일이 너무 많아서 못 읽었다. 할 일은 영어 공부하기, 또 학교 가기 또 영어 선생님과 같이 영어 공부도 하고 또 학원도 다녀오고 또 학교 숙제, 피아노 숙제도 있다. 그런데 너무 많아서 안 쓰겠다.

이 아이는 '또'를 네 번이나 쓰고 있습니다. 저는 이 아이가 이렇게 할 일이 많은지도 모르고 일기를 왜 안 쓰느냐고 보챘어요. 아이들의 생활이 이 지경이니 무슨 힘이 남아서 일기를 쓰겠어요. 사는 것도 재미가 없을 것 같아요.

열심히 쓴 일기를 담임 선생님이 문집으로 만들어 주면 아이들이 일기 쓴 보람도 느끼고 좋은데 그렇게 못 하면 식구들끼리 글을 모아 '가족 신문'을 만들거나 작은 문집을 만들어 이웃과 친척들이 함께 읽어도 좋겠습니다. 물론 남에게 보이기 위해 글을 쓰게 해서는 안 되지만요.

시 지도

　1학년 아이들에게는 시에 대해서 달리 지도하기도 어렵고 또 그럴 필요도 없다고 생각합니다. 깨끗한 글 한 편이 곧 시이기 때문입니다. 그런데 요즈음은 1학년 아이들조차 한 편의 시가 될 만한 글, 깨끗하고 어린 아이 눈으로만 그릴 수 있는 글을 쓰지 못합니다. 말이 모두 똑같고, 재미도 없습니다.

　이오덕 선생님이 1학년 아이들 시 지도는, 아이가 하는 말 가운데 뜻밖에 놀랍고 살아 있는 말이 있을 때 그 말을 글로 옮겨 적어 보여 주며, 자기 느낌과 생각을 어떻게 잡고 표현하는가를 가르쳐 주면 좋다고 하셨어요. 그런데 내가 세심하게 주의해서 듣지 못하기도 했지만 아이들이 학교에 들어와 얼마 안 가서 말이 더 재미가 없어지고 말이 모두 똑같이 돼 버려 그 좋은 지도 방법을 써 보지 못했습니다. 그리고 아이들은 글에는 일기만 있는 줄 알기 때문에 "글을 써 보자." 하면 "일기처럼 써요?" 해서 아주 어렵습니다.

　또 1학년 아이들은 흉내내기를 잘 해서 만약 전에 읽어 준 시나 자기가 아는 노랫말과 똑같은 제목으로 시를 쓰게 하면 한 줄 정도를 그대로 본떠서 쓰거나 아예 통째로 비슷하게 써 버립니다. 그렇기는 해도 1학년 아이들은 다른 학년보다는 교사가 애쓰는 만큼 잘 따라와 줍니다.

　1학년 아이들이 쓴 다음 시를 보면 1학년 아이들도 얼마든지 좋은 시를 쓸 수 있다는 걸 알 수 있습니다.

눈

　　　　　　　　　　　　　　　　　　　　　　　　송민영

눈아 눈아 왜 왔니?

해가 너를 녹일려고 그러는데
왜 왔니?
해하고 싸워서 이길라고 그러니?
니가 해하고 싸우면
내가 응원해 줄게
눈아 이겨라 눈아 이겨라

하늘

안진호

하늘은 넓다. 내 생각엔 끝이 없다.
하늘이 구름하고 놀다
구름이 가면 하늘은 심심하겠다.

학교 한 바퀴

김현산

학교 한 바퀴를 돌았다
꽃이 예쁘게 피었다
바람도 시원하게 불었다
하늘도 파랬다
나무도 자라고 있었다
나는 기분이 좋았다
다음에 또 학교 한 바퀴를 돌아야지

독서 지도

　글자를 깨친 지 얼마 되지 않은 아이들을 두고, 독서 지도를 어떻게 할까 하는 얘기를 쓰자니 지나치지 않나 하면서도 '어리기 때문에 책 읽기 지도에 신경을 써서 더 세심하게 해야겠구나.' 하는 생각도 합니다.

　1학년 아이들은 글을 읽기보다 책에 있는 그림을 보면서 제 나름대로 이야기를 상상하고, 여러 갈래로 생각이 뻗치지요. 같은 책을 보고 또 보고(어른이 보기에는 그림을 본다고 하겠지만 아이들은 그림을 읽습니다.) 하는데 처음에는 그림만 보면서 내용을 파악하고, 재미있겠다 싶으면 다음에는 글자와 그림을 번갈아 봅니다. 이 때도 글자는 건성으로 보고 그림으로 내용을 읽습니다. 그러다가 책과 익숙해지면 글자를 읽어 가는데 이 때도 손가락으로 글자들을 짚어 가면서 읽습니다. 많은 글자를 한눈에 다 읽을 수 없으니까 글자를 놓치지 않으려고 그러지요.

　아이더러 "그 책 이야기 좀 해 다오." 하고 말해 보면 1학년 아이들이 글자를 읽어서 내용을 알기보다는 그림으로 읽는다는 것을 금방 알 수 있습니다. 아이들은 글자가 하나도 없어도 그림만 보고도 어른들이 생각 못 하는 온갖 재미난 이야기를 제 스스로 만들어서 아주 신이 나서 들려 줍니다. 그 모습을 볼라치면 얼굴은 웃음이 넘치고 손가락은 이리 갔다 저리 갔다 하면서 그림을 가리키고 입에는 침이 튈 정도입니다. 아무리 보잘것 없는 그림이라도 아이들은 그림에서 이렇게 재미나게 이야기를 만들어 냅니다.

　그러니 1학년 아이들 책은 글도 좋아야겠지만 그림이 얼마나 중요한지 모릅니다. 그림으로 읽으니까요. 정성스럽게 그린 그림, 사실에 어긋나지 않는 그림, 아이들의 상상력을 키워 주는 그림 들이어야 합니다. 다음으로 구도나 색깔도 안정되어야지요. 책을 넘겨 보아서 그림이 성의 없게 되어 있다면 고르지 않는 편이 좋습니다. 글씨는 적어도 1학년 교과서 크기는 되어야 하고 그보다 더 커도 좋습니다. 어릴수록 글자는 조금이고 그림으로 말하는 책을 주어야 합니다.

그런데 어린 아이들에게 마음놓고 권할 만한 책이 얼마 되지 않아서 참 안타깝습니다. 서점에 가면 책은 산더미처럼 쌓여 있는데 정말 기쁜 마음으로 고를 만한 책이 없으니 딱하지요. 요 몇 년 사이에 몇몇 출판사들이 비싸기는 하지만 유치원에서 초등 학교 2학년 정도까지 읽을 책을 많이 내긴 했어요. 아쉬운 것은 거의 다 외국 동화라는 점이에요. 우리 나라 어린이 책이 그 정도 수준이라면 얼마나 좋겠어요.

다음으로, 내용이 너무 터무니없지나 않은지 살펴보아야 합니다. 꿈과 상상력을 키워 준다고 해서 황당한 얘기를 하거나 사실에 맞지 않는 이야기를 하는 건 아닌지 꼭 봐야 합니다. 아이들 책을 보면 내용도 너무 어렵고 거기 쓰인 낱말이 어처구니없을 정도로 어려운 한자말인 데 놀라는 일이 한두 번이 아닙니다. 이 사람들이 아이들을 눈곱만치라도 생각하고 책을 만드나 하는 의심이 듭니다. 아이들에게 맞는 이야기를, 아이들이 쓰는 쉬운 말로 이야기하듯 부드럽게 들려 주면 얼마나 좋을까요. 어머니들이 시간이 나시면 그런 어려운 낱말에는 줄을 그어 버리고 쉬운 말로 바꿔 써 넣어 주세요. 재미 없고 어려운 말로 책을 만드니 아이들이 책을 싫어할 밖에요.

그래도 아이들은 책을 좋아합니다. 어른들이 보기에는 '참 안 되겠다.' 하는 형편없는 책도 아이들은 잘 봅니다. 저는 저학년 아이들에게 알맞다고 느끼는 책이 얼마 없어서 그럴 바에는 옛 이야기 책을 사서 어머니들이 보시고 이야기를 직접 들려 주라고 권합니다. 옛 이야기 책은 1, 2학년 아이들에게 잘 맞거든요. 좋은 창작 동화가 없으니

이 나이에는 옛 이야기만 읽히고 들려 주어도 충분하다고 생각합니다.

책에 재미를 붙이려면

앞에 말한 대로 아이들은 다 책 보는 것을 좋아합니다. 그런데 1학년이 지나고 2학년이 되고 학년이 올라가면서 책만 읽는 아이와 책을 아예 읽기 싫어하는 아이가 나오지요.

책을 너무 읽어 눈이 나빠질까 봐, 또는 다른 공부는 안 해서 오히려 걱정인 아이가 있는가 하면 단 몇 장도 지그시 앉아 읽지 못하는 아이도 있습니다. 실제로 책을 많이 읽는 아이는 그렇지 않은 아이에 대면 아는 것이 많고 문장력도 좋고 창의력이 뛰어나고 생각도 남다릅니

다.

하지만 무조건 아이가 책을 안 읽는다고 걱정하면서 억지로 읽히려 하지 말고 먼저 아이를 잘 살펴보는 게 좋습니다. 책 읽기를 유난히 좋아하는 아이와 그 반대인 아이는 성격이 아주 다를 수 있습니다. 동무들과 어울려 활발하게 놀거나 운동을 잘 하는 아이는 책 읽기보다는 밖으로 뛰어나가고, 그 반대로 동무와 잘 어울리지 못하고 운동도 못 하는 아이는 조용히 앉아서 책을 읽는데 그게 다 자기한테 가장 맞고 편하기 때문이지요.

아이가 어느 쪽인가 보고 만약 아주 활발해서 앉아서 책 읽는 것보다 뛰어나가 놀기를 좋아하는 아이라면 억지로 잡아 놓고 책 읽으라고 해서 될 일이 아니지요. 학년이 올라가면서까지 책을 전혀 안 읽으려고 해서는 안 되지만 아직 1, 2학년 아이라면 책을 안 읽는다고 너무 걱정하지 않아도 됩니다. 아이들이 책에 흥미를 갖게 하는 한 가지 방법으로는 책 안에 있는 이야기 몇 토막을 어머니가 읽고 들려 주면 아이는 이야기를 아주 재미있어하고 자기가 스스로 읽으려 합니다. 그러니까 어머니가 말로만 "이 책 재미있으니 읽어라." 하지 마시고 아이와 함께 책에 재미를 붙여야 합니다.

다시 한 번 말씀드리지만, 저학년 아이들일수록 책에 쓰여 있는 낱말을 살펴보시고 아이들에게 맞지 않는 낱말들은 고쳐 주세요. 그리고 더 쉽고 좋은 우리말이 있다는 것을 아이들이 알게 해서 글을 처음 익히는 아이들이 고운 우리말을 배울 수 있도록 해 주십시오. 물론 교사인 저는 더 노력해야 하겠지요. 책을 고르는 데 도움을 드리기 위해 이 책 뒤에 학부모와 1학년 아이들에게 권하는 책 이름을 추려서 실었으니 도움이 되었으면 합니다.

여름 방학 즐겁게 보내기

이제 겨우 공부나 교실 생활에 익숙해지기 시작한 아이들은 방학이 무엇인지, 왜 하는지 모를 뿐더러 방학을 기다릴 줄도 모릅니다. 1학년 아이들은 방학 동안 학교에 계속 나오지 않고 집에서 보낸다고 해도 이해를 잘 못 합니다. 그래서 방학식날 "선생님, 내일 학교에 안 와요?" 해서 그렇다고 하면 고개를 갸우뚱합니다. 참으로 귀엽고 천진하지요. 아직은 학교가 그렇게 힘들고 지루한 줄을 모르니까요.

1학년 아이들에게 '방학은 이런저런 까닭으로 하는 거야.' 하고 자세히 이해시킬 필요는 없지만 생활에 질서도 없이 무작정 놀아서는 안 된다고 얘기해 주어야겠지요.

"방학 동안 너희들도 선생님도 책걸상도 교실도 잠시 쉬는 거란다.

다음에 더 잘 하기 위해서지. 또 그 동안 학교 다니느라 못 했던 일을 할 수 있단다. 친척집에도 찾아가고 식구들과 얘기도 많이 나누고 예절 공부도 하고……."

이제는 학교에서 똑같이 내주던 방학책도 없어졌고, 학교에서 숙제 내주던 것도 거의 없어졌습니다. 이제 방학은 집에서 부모님과 함께 계획하고 보내게 되었습니다.

일단 방학을 맞으면 아이와 머리를 맞대고 무엇을 할지 함께 의논하세요. 1학년이니 무엇을 해야 할지 모를 테지만 그래도 아이가 하겠다고, 하고 싶다고 하면 최대한 존중해 줍니다. 학원 가는 것 때문에 도무지 어디 가는 것도 어렵고 하루 시간도 토막 나서 아이가 스스로 무엇을 생각하거나 해 볼 수가 없게 되어 있는데 아이들을 자유롭게 해 주면 좋겠습니다. 학원에 가야만 배우는 것은 아니라는 걸 어른도 아이들도 알았으면 좋겠어요.

무엇이든 스스로 궁리해서 할 수 있도록 했으면 좋겠습니다. 만들기든 공부든 실험이든 무엇이든 좋습니다. 스스로 해 보고 깨달을 수 있도록 말입니다. 학교 다닐 때는 시간이 없어 못 하지만 방학 때는 시간이 넉넉하니 이것저것 하라고 보채지만 않으면 아이들은 어떻게든 재미있게 시간을 보낼 궁리를 하거든요.

또 집안일 가운데에서 한 가지를 책임지워 방학 동안 맡아서 하게 합니다. 어머니가 정해 주셔도 좋고 아이와 의논해서 스스로 선택해도 좋습니다. 일 내용은 집 형편에 따라 정하고, 아이가 만약 책임을 게을리했을 때는 어머니가 대신 해 주지 마시고 아이가 하지 않으면 집안이 잘 돌아가지 않는다는 것을 보여 주어 식구의 한 사람으로 책임감을 느끼게 하세요.

학교에 안 간다고 늦게 자고 늦게 일어나지 말고 저녁에 자는 시간을 일정하게 정해서 생활에 질서가 깨지지 않도록 해야겠습니다.

방학 동안에 특히 주의할 것은 텔레비전 문제입니다. 아무래도 시간이 많고 하니 코미디 프로는 말할 것도 없고 다른 프로그램도 많이 보게 되지요. 코미디를 보면서 아이들은 아이답지 않은 말을 그대로 따라 하고 자기 말인 양 합니다. 말이 그러니 태도도 자연 흐트러지지요. 그래서 개학하고 나면 한동안 이렇게 흐트러진 말과 태도들을 고치느라 애를 먹습니다.

또 2학기 책을 미리 꽤 공부시켜 보내는 부모님이 있는데 그것은 아이들이 학습에 흥미를 잃게 하는 까닭이 되는 게 아닌가 생각합니다.

아이들은 1학기 때보다 방학을 보내고 난 2학기에 부쩍 달라집니다. 대부분 아이들이 집중력도 생기고 손에 힘이 올라 글씨도 똑바르게 씁니다. 글자도 많이 알고 일기도 제법 잘 씁니다. 그리고 무엇을 하라고 하면 어려워하지 않고 해냅니다. 그런가 하면 1학기 때는 놀랄 만큼 글씨고 그림이고 뛰어나던 아이가 형편없이 뒤떨어지는 수도 있습니다. 학습에 흥미를 잃어버려서 그럴 텐데 좀처럼 회복하기 힘듭니다.

6장
담임 선생님과 만날 때 어떻게 해야 할까요

담임 선생님과 어떻게 하면 자연스럽고 좋은 관계를
맺을 수 있을까요? 또 학부모로서 알고 있어야 할 예의와
선생님께 도움이 될 만한 일은 무엇이 있을까요?

따뜻한 인사말

처음 아이를 학교에 들여보내는 어머니들은 경험이 있는 이웃 어머니나 친척들에게 물어물어서 학부모로서 갖추어야 할 지식들을 얻어 듣습니다. 아이 담임 선생님은 어떤 분인가도 알려고 애쓰지요. 그런데 여기저기에서 얻는 정보들이 꽤 많이 틀리기 때문에 너무 남의 얘기에 귀를 기울이지 않았으면 합니다.

선생님이라고 해서 특별한 사람이 아니고 그저 보통의 상식을 가지고 살아가는 사람이거든요. 사람으로서 지켜야 할 예의를 지키면 그게 바로 자연스러운 관계지요.

운동장에서, 복도에서 얼굴이 마주치면 자연스럽게 "안녕하세요? ○○ 엄마입니다." 하고 인사하시면 됩니다. 물론 선생님은 누군지 금방 알아보지 못하시겠지만요.

어머니들 가운데는 선생님과 낯을 익히지 않는 것이 상책이라고 생각하는 분들도 있더군요. 비 오는 날 우산을 가지고 와서 아이를 데리고 갈 때도 "안녕하세요? 힘드시지요?" 하고 간단히 인사 정도만 해도 좋을 텐데 얼굴을 감춘 채 아이만 데리고 서둘러 돌아가는 모습을 볼 때 참 섭섭합니다.

준비물이나 점심을 갖다 주러 와서도 마찬가지더군요. 바쁜 선생님을 불러 내서까지 인사를 할 필요는 없지만 마주치고도 등을 돌린다면 예의가 아니지요.

부모님들이 혹시 선생님께 선물을 꼭 갖다 드려야만 학부모로서 도리를 다하는 거라고 생각하신다면 크게 잘못 생각하시는 일입니다. 손에 선물을 들고, 외모를 잘 다듬어야만 선생님을 볼 수 있는 게 아니고 믿고 존중하는 마음이 더 중요하다고 생각해요.

돈 봉투

어떤 어머님들 모임에 가서 이야기하는데 제가 "이제는 돈 봉투 그런 얘기 안 해도 되지요? 아직도 그런 것 때문에 걱정하세요?" 하니 어머니들이 여전히 걱정한다고 해서 놀랐어요. 매스컴에서 그만큼 얘기했고, 학부모 단체들에서도 얘기할 만큼 해서 어머니들도 이 문제에 대해서는 어느 정도 판단을 하실 줄 알았거든요. 아직도 그런 문제로 걱정을 한다는 것은 전에 해 오던 관습이나 소문 때문이지 사실은 아니니, 우선 어머니들이 현명하게 판단하시고 그 판단대로 하세요.

선생님에 대해 떠도는 여러 이야기 가운데는 도무지 이해가 안 가는 얘기도 참 많습니다. 아마 어머니들도 많이 들으셨겠지요. '어떤 선생이 아이를 발표도 안 시키고 자꾸 야단쳐서 돈 봉투를 갖다 주니 당장에 달라지더라.' '돈 봉투를 갖다 주니 다음 날 상장을 주더라.' 하는 얘기들 말입니다. 처음에는 나와 상관 없는 이야기라 별 관심을 두지 않았어요. '아무리, 그러려고.' 하면서요. 그런데 저도 이런 이야기에서 완전히 자유로울 수 없구나 하는 것을 경험했습니다.

한 번은 여자 아이 어머니가 오셔서 이런저런 이야기를 나누었어요. 그 아이는 행실도 바르고 공부도 열심히 해서 특별히 할 얘기는 없었지만 그 아이 나름으로 더 잘 했으면 싶은 점을 이야기했어요. 그런데 어머니가 가실 때 선물을 주더군요. 저한테 필요한 것이라면서요. 서로가 부담이 될 것은 피하고 있지만 어머니가 고민해서 가져온 것을 굳이 거절하기도 뭐해서 고맙다고 하면서 받았어요. 어머니가 가시고 난 뒤에 가만히 생각하니 며칠 안 있어 그 아이가 상을 받게 되어 있는 거예요. 달마다 몇 명 아이들에게 알맞은 상을 주고 있었는데 이번에는 그 아이에게 주려고 이름을 올려놓았던 거죠. 그 어머니한테 ○○가 이번에 상을 받을 거라는 얘기를 할 수 없어 말을 안 한 건데 이렇게 되니 오해를 받기 딱 맞지 뭐예요. 그 어머니 처지에서 보면 얼마든지 오해를 할 수 있지요. 어머니가 선생님에게 선물을 주고 오니까 상이 나왔으니 말이에요. 그 때 저는 생각했지요.

'아, 나도 상식에 벗어난 이런 소문에서 결코 자유로운 게 아니구나. 그러게 아예 아무것도 받지 말아야 이런저런 소리 안 듣는데.'

그렇다고 제가 그 어머니한테 어머니가 무엇을 주어서 상을 준 게 아니라 미리 계획되었던 거라고 해명할 수도 없잖아요.

그러니 '돈을 갖다 주니 다음 날 상을 주더라.' 하는 말은 있을 수 없는 얘기입니다. 상을 주려면 일 주일이나 그 전에 이름을 올려야 해요. 미리 정해 놓지 않았는데 그렇게 갑자기 상을 줄 수는 없거든요. 물론 떠도는 말이 모두 진실이 아니라고 할 수는 없겠지만 그래도 아주 많은 말들이 사실이 아니라는 것은 확실해요. 교사에 대한 불신이 하도 깊다 보니 뭐든지 다 돈 봉투와 연결이 되어 버리는 거지요.

학부모로 있는 동안 아이 일로 기쁜 일만 있지는 않을 거예요. 아이가 칭찬을 받고 올 때도 있지만 야단맞고 올 때도 있고, 어떤 땐 벌을 받을 수도 있고요. 또 '산만합니다. 지도 바랍니다.' 하는 글을 받을 때도 있을지 모릅니다. 그러면 곧 '찾아오라는 얘긴가? 돈 봉투를 들고 가야 하나?' 하고 생각하진 마세요. 선생님은 정말 혼자 힘으로 잘 안 되어서 도움을 청한 건데 그렇게 받아들이면 일이 풀리겠어요? "선생님, 우리 아이가 힘들게 하나 봐요. 어떻게 하면 될까요?" 하고 진지하게 묻고 함께 길을 찾아가도록 하세요. 물론 잘 안 될지도 몰라요. 워낙 문제의 원인이 복잡하니까요. 그렇더라도 함께 의논하고 고민을 나누는 것이 핵심입니다.

우리 반에서 있었던 일을 한 가지 더 말씀드리지요. 여자 아이가 아주 복스럽고 순하게 생겨서 참 귀여워요. 그런데 또래들만큼 일을 빨리 처리하지 못해요. 그래서 늘 "아직 못 했어요." 하고 울상을 짓더니 그만 지쳤는지 자꾸 공부 시간에 돌아다니고 산만해지는 거예요. 주의를 주어도 안 되고 해서 어머니와 의논을 하고 싶었어요.

그런데 전에는 교문 앞에 아이 마중을 자주 오던 그 어머니가 영 안 보여요. 속으로 '어머니가 어디 가셨나? 아프신가? 아이가 무척 산만해졌는데.' 하고 속을 끓이고 있는데 어느 날 할머니가 데리러 오셨길래 "○○ 어머니 집에 계세요? 요즈음 ○○가 좀 산만해져서 엄마가 안 계신 줄 알았어요. 좀 타일러 주세요." 했더니 다음다음 날 어머니가 과일을 사 들고 오셨어요. 아이가 유치원에서 참 잘 한다고 칭찬받고 학교 가면 잘 할 거라고 해서 이럴 줄 꿈에도 몰랐다는 겁니다. 말하는 제 낯이 뜨거울 정도였어요. 어머니가 그냥 오셨으면 그래도 괜찮았을 텐데 마치 내가 무엇을 받고 싶어 그런 말 한 꼴이 되었어요. 그렇다고 제가 이런 것 안 받는다고 하면 감정 상할지도 모르고 해서(돈 봉투가 아니라서 돌려 주었다고 오해할 수 있거든요.) 받긴 했지만 마음이 즐겁지는 않았어요. 물론 어머니가 신경을 쓰시고 해서 아이가 점점 안정이 되었지만 그 어머니도 '찾아가니 낫더라.'고 생각할 수도 있지요.

3학년을 맡았을 때였어요. 반에 학습 능력이나 행동이 뒤떨어진 아이가 있었어요. 이런 아이는 어머니와 긴밀한 협조를 하지 않고는 가르치기 힘들지요. 1학년과 2학년 때의 선생님께 그 아이에 대한 이야기를 자세히 듣고 어떻게 하라는 도움까지 받았어요. 저는 아이들한테 절대로 ○○○를 놀리거나 괴롭혀서는 안 된다고 말했어요. 그래서 아이들이 그 아이와 잘 놀고 도와 주고 그랬어요. 그런데 이 아이는 언제나 위함만 받았기 때문에 조금만 마음에 안 들어도 '앙앙.' 소리지르고 울고, 아이들을 끝까지 못 살게 하는 거예요. 너무 그러면 그 아이를 도와 주려던 아이들 마음이 돌아설 게 아니겠어요.

그래서 어머니께 그 부탁을 드리고 싶었어요. 마음에 안 들어도 참도록 하고, 친구들을 그렇게 힘들게 하지 말라고요. 아직 어려서 제 말보다는 어머니 말을 더 잘 들었거든요. 그리고 아이가 학년이 바뀐 지 한 달이 지났는데 어떻게 지내는지(다른 아이들과는 다르니까요.) 알아보아야 하는데 소식도 없고 해서 아이 편에 "어머니 시간 나실 때 학교에 좀 오시라고 해라." 하고 말했어요. 그런데 일 주일이 지나서 어머니가 오셨는데 나보다 심각하지 않으세요. 나는 애가 타서 이런 저런 얘기를 하는데. 좀 지나서 가겠다고 일어서는데 두툼한 돈 봉투를 내놓아요. 그걸 보는 순간 기분이 너무 나빴어요. 그래서 나는 "이런 것 가지고 오라고 부른 게 아닙니다. 진심으로 ○○○를 걱정해서 함께 의논하자고 보자고 한 겁니다." 하고 강하게 말했어요. 어머니는 눈물을 흘리며 돌아갔어요. 정말 기분이 언짢더군요.

나중에 들으니, 내가 어머니 좀 보자고 하니, 1학년 때 선생님한테 내가 어떤 사람이냐고 물었다는 거예요. 내가 돈을 바라고 오라고 한 게 아닌가 했던 거지요. 돈이 십만 원은 될 만큼 두툼했으니 그 돈 마련하는 데도 시간이 걸렸겠지요. 저는 당연히 어머니가 다음 날로 찾아오시려니 했거든요. 그런데 어머니는 생각이 달랐던 거예요. 그러니 선생님을 의심하고 달리 생각하려고 들면 끝이 없어요. 다행히 그 어머니와는 일 년 동안 잘 지냈어요.

'누가 어떻게 하라고 하더라.' '누가 얼마를 갖다 주었다 하더라.' 하는 말을 그대로 믿고 따른다면 문제는 언제나 그 자리에서 맴돌 뿐이지요. 교육계뿐 아니라 우리 모두가 의식 밑바닥에 갖고 있는 돈 봉투 문제에 대해 이제 근본적으로 반성해 봐야겠습니다.

처음부터 선생님들은 돈을 좋아한다고 생각하시거나 '아이 새 담임은 돈을 좋아한다는 소문이 있던데.' 하면서 만나지 마시고, 상식으로 문제를 해결하겠다는 마음으로 맞으세요. 어머니 자신이 돈 봉투 문제에 대한 태도를 분명히 하고 떳떳하게 대한다면 선생님하고도 좋은 관계를 이루어 갈 수 있겠지요. 고마운 일이 있으면 고마워하고, 고생하신다 싶으면 고생하신다 하고, 도울 일이 있으면 돕고 해야지, 돈으로 해결하면 되지 하는 생각은 아예 갖지 마세요.

의논할 일이 있을 때

일 년 동안 지내다 보면 선생님과 의논해야 할 일도 생기고 급히 알려야 할 일도 생기지요. 특히 학교에 전화하는 일에 대해 몇 가지 말씀드리고 싶습니다. 아주 급한 일이 아니면 학교로 전화를 하지 않았

으면 합니다. 지금은 교실까지 연결이 되지만 그래도 긴급한 일이 아니면 전화는 하지 않았으면 해요.

아이가 아파서 결석을 한다든가 좀 늦게 가겠다는 얘기라면 동네 아이들 편에 쪽지를 보내거나 다음 날 결석계를 내면 됩니다. 전화를 하시려면 공부 시간이 끝난 뒤가 좋습니다. 1학년은 12시 30쯤이면 공부가 끝납니다. 좀 긴 통화를 해야 할 일이면 전화보다는 편지를 하시거나 학교로 오시는 것이 좋습니다. 학교 전화는 공적인 일로 써야 하기 때문에 오래 통화하기도 어렵고 떠들썩해서 차분하게 이야기할 형편이 못 됩니다.

꼭 의논해야 할 얘기가 있어서 학교에 오실 때는 아이에게 쪽지를 보내거나 전화로 언제쯤 오시겠다고 알려 주시면 선생님도 그 아이에 대한 자료를 준비할 수 있습니다. 그러면 이야기 시간을 길게 잡지 않아도 알차게 보낼 수 있습니다. 갑자기 찾아오시면 아이에 대해 자세히 이야기하지 못할 수도 있거든요.

조바심이 많은 어머니는 며칠 못 가 또 요즈음 우리 아이 어떠냐며 아이의 모든 것을 알고 싶어하시는데 아이들은 행동 변화가 심하기 때문에 그렇게 순간마다 관심을 가지지 않고 전체 흐름만 아셔도 지도하는 데 어려움이 없습니다.

만약 선생님이 하시는 일 가운데 영 이해가 안 가는 일이나 불쾌한 일이 있다면, 선생님도 사람이라 실수도 하고 생각이 미치지 않아 그럴 수도 있다 여기세요. 그래도 답답함이 가시지 않으면 덮어 두지 마시고 예의를 갖추어 물어서 궁금증을 풀도록 하세요.

선생님 도와 드리기

학기 초에는 교실에 손이 가야 할 곳이 많습니다. 봄 방학 열흘 동안은 대개 교실을 비워 두게 되지요. 다른 사람이 쓰던 교실을 쓰려면 정리할 거리도 많고, 청소할 곳도 많습니다. 이것을 선생님이 다 하자면 여러 날이 걸립니다. 이럴 때 시간이 나는 분들이 도와 주신다면 좋겠지요. 그런 일을 왜 어머니들한테 부탁하느냐고 하실 수도 있지만 그 참에 아이가 다닐 교실에 들어가 보고 선생님과 다른 어머니들과 함께 정리하면서 이야기도 나누다 보면 학교와 선생님을 좀더 가까이서 이해하실 수 있지 않을까요?

어떤 분들은 교실 환경을 가꾸어 주려고 꽃이나 화분을 사 가지고 오시는데 먼지가 많고 시끄러운 교실은 아무래도 동식물이 살기에는 적당치 않습니다. 꽃이나 화분을 아이들과 똑같이 잘 보살펴야 하는데 그러지 못하니 비싸게 주고 산 나무들이 죽거나 시들어 버려서 참 안타깝습니다. 그래도 정 화분을 가져오시려면 너무 크거나 비싸지 않고 돌보는 데 까다롭지 않은 것이 좋겠습니다.

또 할 수 있다면 몇 분이서 뜻을 모아, 집에서 잘 보지 않는 아이들 책을 모아 교실에 갖다 놓으면 아이들이 틈틈이 읽을 수 있겠지요.

요즈음은 아이들이 학교에서 점심을 먹기 때문에 밥을 퍼 주고 뒷정리를 해야 할 사람이 필요합니다. 그래서 어머니들이 몇 명씩 정해서 돌아가면서 점심 시간에 학교에 나오시지요. 집에서 점심을 차려 주지 않아 좋기는 한데 직장에 나가시거나 일을 하시는 분들은 이것이 부담이 되나 봐요. 선생님께 사정 이야기를 하고 빠지거나 대신 누가 나오거나 하면 되니까 그 때 가서 생각해도 됩니다.

저는 봄소풍 갈 때와 올 때, 가서 줄 서고 놀이할 때 어머니들의 도움을 받았습니다. 신체 검사하는 날에도 한 어머니께 부탁드려서 저는 아이들 몸을 재고, 어머니는 적고 하니 일이 훨씬 쉬웠습니다. 또 제 어머니 소상 때는 어머니 두 분께 반을 맡겼더니 저도 마음이 놓였을 뿐 아니라 아이들도 좋아했고, 어머니들도 아이들을 이해하는 데 도움이 됐다고 하시더군요.

학급에는 명예 교사를 두 분 정도 모시고 있는데 학교에 따라 이 분들께 도움을 청하는 일이 많습니다. 이런 일에 참여하시면 아이들의 학교 생활을 직접 볼 수 있어서 학교와 아이들과 선생님을 좀더 잘 이해할 수 있고 집에서 어떻게 지도해야 할지에 대해서도 도움을 얻을 수 있습니다.

학부모 총회가 있을 때 학교에 오셔서 담임 선생님 말씀도 듣고 질문도 하여 선생님의 교육관과 학급 운영들을 알면 답답하거나 이해가 안 되는 일 없이 일 년을 지낼 수 있습니다. 그런데 학부모로서 담임에게 '받아 쓰기는 일 주일에 몇 번 해 주면 좋겠다.' 라든지 '숙제를 자주 내 달라.' 하는 따위 요구는 오히려 담임의 학급 운영에 혼란을 줄 수 있습니다. 명백히 이해가 안 되는 일이 있을 때는 어머니끼리 수군거리거나 속만 태우지 마시고 선생님과 대화를 하셔서 문제를 해결하시는 편이 좋습니다.

일 년 동안 선생님과 함께 학급을 운영해 간다고 생각하시고 선생님을 믿고 존중해 주시면 큰 힘이 되고 도움이 됩니다.

아이들이 잘못 전하는 말

전에는 교사와 학부모가 만나 이야기를 나눌 기회가 그리 많지 않았는데 요즈음은 부모들이 교육에 대한 관심이 높아지면서 담임을 찾아오는 일이 늘었어요.

부모님들과 얘기를 나누면서 아이들이 제 말을 제대로 알아듣지 못하거나 엉뚱하게 부모님께 전한다는 사실을 알았습니다. 어떤 때는 적당한 거짓말도 꾸며서 한다는 것을 알고 속으로 아주 놀랐습니다.

예를 들어 볼까요?

4학년 남자 아이였는데 제가 "나는 책을 주로 ○○ 문고에 가서 산다." 하고 말한 내용을 어머니에게 가서 "우리 선생님은 책을 ○○ 문고에서 부쳐 와 보신대요." 하더라고 해요.

또 한 아이는 6학년 여자 아이인데 아주 착한 모범생이었어요. 그 여자 아이 어머니가 오셔서 이런저런 이야기를 하다가 내가 하지 않은 말을 여자 아이가 꾸며서 들려 준 것을 알고는 깜짝 놀랐어요. 제가 아이들에게, 전과는 스스로 공부하는 데 좋지 않으니 아직 안 산 사람은 사지 말라고 했는데 그 여자 아이는 어머니께 선생님이 좋은 사람이라는 얘기를 한다는 것이 지나쳐서 "선생님이 전과가 나쁘다면서 아직 안 산 사람 손 들어 보라고 하시더니 나오라고 해서 잘 했다고 하셨어요. 나는 지금까지 안 샀으니 다행이에요." 했답니다.

　4학년 남자 아이는 잘못 알아들었으니 별 문제는 아니지만 6학년 여자 아이는 내가 하지 않은 말을 꾸며서 했으니 놀랄 수밖에요. 그래도 어머니가 그런 사정은 모르고 웃으면서 "우리 ○○가 이렇게 말했어요." 하시는데 제가 "사실은 제 말 뜻은 이렇습니다." 하고 고쳐 말할 수 없더군요. 그 때 분위기로도 그런 해명을 할 수 없었지만 그건 전혀 틀린 말이라고 하면 그 어머니가 얼마나 당황하고 무안해하겠어요. 또 담임한테 무안당하고 왔다고 아이를 얼마나 야단치겠어요. 저만 속으로 놀라고 넘어갔지요.

　그런데 여자 아이도 사실은 정직한 아이였어요. 어머니가 담임을 만나고 왔다는 얘기를 듣고 거짓말이 탄로난 것 같으니까 선생님과 무슨 얘기를 나누었냐고 어머니를 졸랐나 봐요. 자기가 한 말을 그대로 했다는 얘기를 듣고 어머니께 사실은 자기가 꾸며서 한 말이니 용서해 달라고 빌고 저에게도 글을 썼어요. "무심코 한 거짓말이 이렇게 큰 일이 될 줄 몰랐습니다. 이 일로 저는 절대로 거짓말을 해서는 안 된다는 것을 알았습니다." 하고요.

　또 이런 일도 있었습니다. 1학년 아이 이야기인데요. 어느 어머니가 선생님을 만나서 "선생님 계 타셨다면서요? 반지계를요." 해서 깜짝 놀랐다고 어느 선생님께 들었습니다. 그 선생님은 생전 계라고는 한 적도 없는데 그 반 아이가 마음대로 꾸며서 전한 거였어요. 그것도 그 아이 어머니가 직접 물어 오지도 않고 다른 어머니한테 전해서 그 어머니가 선생님한테 이야기했답니다.

　이런 일은 숱합니다. 아이가 잘못 알아듣고 전할 수도 있고 무심코 생각 없이 말을 더 보태서 이야기할 수도 있고, 일부러 자기에게 유리하게 거짓말을 할 수도 있습니다. 이런 일을 보면서 '아이들이 내 말을 정확하게 전하리라는 기대는 안 가져야겠다. 자칫하면 담임과 학부모 사이에 오해가 생길 수도 있겠구나.' 하는 생각이 들었습니다.

올해 우리 반 학부모와 이야기를 나누면서 보니 딱 한 명이 그래도 내 말 뜻을 제대로 알고 그대로 전했더군요. 다른 아이들은 다 다르게 되돌아왔어요. 아이들이 나빠서라기보다 몇십 명을 제자리에 앉혀 놓고 말을 하니 아이들이 잘 알아듣지 못하기도 하고 또 선생님 말을 아이 나름대로 판단하고 헤아리다 보니 어쩔 수 없이 생기는 일이기도 하지요. 말은 전달하는 사람이 표현하는 말에 따라 달라질 수도 있고요.

아이들 가운데는 학교에서 있었던 일을 미주알고주알 전하는 아이가 있는데 이런 아이일수록 자기가 잘못한 대목은 쏙 빼고 남만 잘못하는 것처럼 이야기하기 쉽습니다.

이런 점을 아시면 혹 아이가 전하는 말에서 담임에 대해 섭섭하거나 이해가 안 가는 일이 있을 때도 좀더 신중하실 수 있을 테지요. 말이란 자칫하면 부풀려지거든요. 좀 다른 얘기입니다만, 담임이 하는 말을 지나치게 예민하게 생각하지 말았으면 합니다.

예를 한번 들어 보지요.

어떤 아주머니가 김밥 장사를 하는데 아이 담임이 돈 천 원을 보내면서 김밥을 보내 달라고 하더라면서 무슨 뜻인지 모르겠다고 못마땅해했습니다. 천 원어치는 얼마 되지도 않는데 돈만큼 보낼 수도 없고, 도대체 얼마를 보내야 하는 건지 그 속에 돈 봉투를 안 넣어도 되는지 알 수 없다고 하면서요. 학부모한테는 특히 조심해야 하는데 담임은 그 점을 생각 못 했나 봅니다. 저는 이렇게 대답했어요.

"천 원어치 김밥을 사겠다는 그 이상은 생각하지 마세요. 그 선생님은 정말 김밥을 맛보는 정도로 생각하고 있는지도 몰라요. 그 뒤에 무슨 다른 뜻이 있을지도 모른다고 부풀려 생각하지 않는 것이 좋습니다. 천 원어치를 담아 주고, 지나가던 손님은 아니니까 조금 더 집어 넣을 수는 있겠지요."

어떻게 그럴 수 있겠냐고 하시겠지만 분명하게 요구하지 않은 일을 미리 알아서 더 보태고 나중에 욕하는 것보다는 낫지 않아요? 이 비슷한 일은 아주 흔합니다. 우리가 얼마나 서로를 잘못 이해하고 있는지요.

선생님에게 알려 줄 일

아이에 관해서는 담임 선생님에게 되도록 많이 이야기해 줄수록 좋습니다.

어느 날 여자 아이가 한 명 전학을 왔습니다. 아이도 단정하게 생기고 옆에 선 어머니도 조용하고 아름다운 분이었습니다. 그런데 그 어머니는 서류와 아이를 내게 맡기고는 말 한 마디 없이 급히 돌아서 가 버리시더군요. 대부분 어머니들은 아이가 어느 자리에 앉는지 확인하고서도 발걸음이 떨어지지 않아 되도록 천천히 돌아가시거든요. 그래서 좀 이상하게 생각했지만 아마 수줍음을 많이 타는 어머니인가 보다 했습니다.

그런데 그 아이는 차림새도 깔끔하고 공부도 빈틈없이 잘 하는 아이인데 아주 조그만 일도 넘기지 못하고 일러 주러 나오는 통에 짜증이 날 정도였습니다. 왜 그러는지 알 수 없어 혼자 끙끙대며 그 아이를 은근히 부담스러워했지요.

얼마 뒤 선배 선생님한테서 그 아이의 집안 형편을 알게 되었습니다. 아버지가 실직한 지 오래 되었고, 어머니는 조그만 분식점을 하는데 아주 어려운 처지라고 했습니다. 저는 '아, 그랬구나.' 하고 그 때

서야 아이를 제대로 이해하게 되었습니다. 그 아이는 가정의 불안정을 마음으로 느끼고 있었고, 불안한 마음에 어리광을 부려서 관심을 끌려는 행동으로 나타난 셈이지요.

저는 아이에게 가졌던 제 짜증을 미안해하며, 한편 어머니가 좀더 일찍 집안 형편을 얘기해 주었더라면 좋았을 텐데 하고 무척 아쉬워했습니다.

이와 비슷한 일은 얼마든지 있습니다. 어떤 아이는 겉으로 봐서는 원인을 짐작할 수 없는데 툭하면 삐치고 울고 해서 저를 속상하게 했습니다. 나중에 알고 보니 부모가 이혼해서 새어머니와 사는 아이였습니다. 이 아이도 부모님이 처음부터 형편을 얘기하고 이해를 구했더라면 서로 고생이 덜했을 거예요. 그 뒤부터 나는 그 아이가 하는 말을 언제나 귀담아 들어 주었고 위로해 주었습니다.

우리 나라는 학년이 바뀌면서 한 교사가 같은 아이들을 또 맡는 일이 거의 없기 때문에 언제나 아이들에 대한 지식이 전혀 없는 채로 시작하는데 1학년은 더하지요. 그러다 보니 반 년이 지나도 아이들을 제대로 파악하지 못하고 일 년이 지나서야 '누구는 어떻지.' 하고 그릴 수 있습니다.

부모님들은 집안에서 일어난 좋지 않은 일은 되도록 숨겨야 아이에게 좋다고 생각하거나 창피하다는 이유로 아무 말 없이 아이만 맡기고 마는데 사실은 아이를 위해서도 좋지 않습니다. 아이를 제대로 이해하지 못해 담임이 본의 아니게 아이에게 상처를 입힐 수도 있고, 또 많은 노력과 시간이 들고 난 뒤에야 알게 되는 일이 있거든요.

담임에게는 집안 형편뿐 아니라 아이의 성격이나 아이에 관해서 정보를 많이 알려 주면 줄수록 담임이 아이를 빨리 정확하게 이해할 수 있습니다. 어떤 어머니는 만날 때마다 처음부터 끝까지 아이 자랑만

하다가 갑니다. 그렇게 자랑하지 않아도 담임은 다 아는데 아마 그 어머니는 아이에 대한 인상을 좋게 심어 주려고 그랬나 봅니다. 담임에게 아이 자랑만 늘어놓으면 아이를 이해하는 데 별 도움이 되지 않으며 오히려 아이를 정확하게 이해하는 데 혼란만 줄 수도 있습니다.

담임에게는 식구가 어떻게 되나, 아버지가 하시는 일은 무엇인지, 어머니가 집에서 살림을 하시는지 일하러 나가시는지, 아이 성격이 어떤지, 아이가 학교 밖에서 배우고 있는 것들은 뭐고 좋아하고 잘 하는 게 뭔지, 집에서 아이가 하는 행동 가운데 재미있고 좋았던 일 한두 가지, 담임이나 학교에 대한 아이의 생각, 부모님의 교육관 따위를 알려 주면 좋겠습니다.

아이에 대해 이 정도만 종합해서 알고 있으면 아이가 어떤 행동을 하더라도 담임은 쉽게 이해하게 되고 쉽게 아이 편이 되어 줄 수 있습니다. 아이를 둘러싸고 있는 환경이 좋지 않을수록 담임에게 알려 줘야 아이 마음을 조금이라도 편안하게 해 줄 수 있습니다.

아이에 대한 이야기는 담임을 꼭 찾아뵙지 않더라도 편지로 써도 됩니다.

7장
어머니께 드리는 편지

학교에서 시험이 없어졌다는데 아이들과 할 수 있는 일이 없을까요?
틈틈이 데리고 갈 만한 곳이나 가르쳐야 할 일은 무엇일까요?

시험이 없어졌어요

살다 보면 답답한 일도 많지만 가끔 "거 참 잘 했다."고 할 일이 있어서 답답하고 화나는 일도 참고 살 수 있나 봅니다. 그 잘 한 일 가운데 하나가 초등 학교에 시험을 없앤 겁니다. 시험이 없어진 지 벌써 몇 해가 지났습니다. 시험이 있을 때는 시험만이 가장 좋은 평가 방법인 것 같고, 시험이 없어지면 평가가 제대로 안 될 것 같았어요. 그런데 처음에 용기를 내서 없애고 보니 역시 잘 한 일이더군요. 덕분에 아이들도 어머님들도 한시름 놓았지요.

이미 오래 전 일이지만 재미있으니 한번 들어 보세요. 1학년 어느 반에 그 반 담임이 교실을 비우게 되어 대신 들어갔습니다. 마침 그 시간이 시험 보는 시간이었어요. 시험지를 나누어 주고 이름을 쓰라고 했는데 얼마 안 있어 아이들이 서로 보면서 하는가 하면 어떤 아이는 일어서서 다니면서 보고 쓰는 거예요. 너무 어이가 없었지만 어떻게 할 수가 없었습니다. 1학년 아이들이 제 말을 들어야지요.

몇 년 전에 1학년을 할 땐데 여자 아이가 첫 시간은 문제를 꽤 열심히 읽어 보면서 풀더니 다음 시간부터는 읽지도 않고 빈 칸에 아무 숫자나 써 넣고는 그만 놀아 버리더군요. 그 아이가 시험지를 받고 빈 칸을 메우는 데 10분도 채 안 걸렸습니다. 그까짓 무슨 말인지도 모르는 시험 문제를, 아무리 열심히 읽어 봤자 재미있는 구석이라고는 하나도 없는데 애써 읽을 필요가 없다고 생각해서겠지요. 그 아이가 보여 준 태도야말로 가장 1학년다운 결정이었어요. 저는 그 아이를 보면서 자꾸 웃음이 나왔습니다. 아무 미련이나 걱정 없이 시험지를 해결해 버린 그 아이가 귀엽기도 하고요. 요즈음은 이런 아이는 없을 겁니다. 어떻게든지 한 개라도 더 맞추려고 애를 쓰고 옆 아이 것이라도 보고 쓰려고 하지요.

천진한 개구쟁이 남자 아이가 시험 치는 날 아침에 "선생님, 오늘은 슬픈 날이에요. 아이고!" 하고 한숨을 쉬었어요. 그 아이는 시험 볼 때마다 '이번에는 잘 했을까?' 하고 시험이 끝나기가 무섭게 채점한 시험지를 언제 주느냐고 졸라 댔어요. 그렇지만 시험지를 받아 보면 여전히 낮은 점수여서 자신에 대한 깊은 실망감만 쌓여 갔어요. 그 어린 아이의 마음의 고통을 덜어 줄 수 없는 나 자신이 참 딱했는데 이제 그 짐이 없어졌으니 제 마음의 고통도 덜었습니다.

1학년 아이들은 아직 어려서 시험에 대해 그 정도로 큰 공포감이나 절망감은 없지만 저는 시험 볼 때마다 '참 쓸데없는 짓이다.' 하는 생각을 많이 했습니다. 무엇을 묻는지도 잘 모르는 아이들에게 어떻게 점수를 기대하지요? 받아 쓰기를 해도 옆이나 뒤에 있는 아이하고 제가 똑같이 썼는지 확인해야 마음이 놓이는 아이들이 받는 점수가 얼마나 믿을 수 있다고 그 난리들이었는지.

한 번은 채소 가게에 들렀더니 제가 선생인 줄 아는 그 집 아주머니가 웃으며 "오늘 시험지 나누어 주었다면서요? 온통 그 얘기뿐이에요. 1학년 엄마들은 더해요." 해서 '이런 때는 가게에 오는 것도 삼가야겠구나.' 하고 생각했습니다.

그래도 공부를 잘 하는 아이는 점수를 잘 받아 뽐내고 싶은데 시험이 없으니 좀 싫기도 할 것이고, 어떤 어머니는 아이가 학급에서 어느 정도인지 확인해 보고 싶은데 시험이 없어지니 잘 된 건지 못 된 건지 모르겠다고 하시더군요. 그렇지만 거의 모든 어머니들이 환영했습니다.

시험 날짜와 시험 칠 범위가 밝혀지는 날부터 아이들은 감옥에 갇힌 것과 다를 바 없습니다. 시험이 끝날 때까지 무거운 짐은 마음 한 구석에서 떠나지 않아 놀아도 즐겁지 않고, 음식을 먹어도 맛을 모릅니다. 시험 때는 동무들과도 잘 지내지 못합니다.

마음이 불안해지면 난폭해진다는 것을 아이들을 보면 압니다. 시험 치는 날은 아침부터 교실 분위기가 아주 나쁩니다. 소란스러운 것은 말할 것도 없고 신경이 날카로워져 동무들과 조그만 일로도 무섭게 싸워요. 시험이 끝나도 몇 개가 틀렸는지 알게 되기까지 또 초조하게 보냅니다. 시험이 한 달에 한 번씩 있을 때는 아이들이 한 달에 보름은 이런 불안한 감정에 싸여 지내야 했습니다.

시험이 아이의 인성이나 동무 사이의 감정만 파괴하는 것이 아닙니다. 시험 문제 하나 맞고 틀리는 데 매달려서 아이들은 시험말고는 아무것도 중요하게 여기지 않습니다. 휴지를 아무 데나 버린들, 과제를 아무렇게 해낸들 시험 점수하고는 아무 관계가 없다고 생각합니다. 나머지 학교 생활은 아무렇게나 하더라도 시험만은 하나라도 더 맞추려 신경을 곤두세웁니다. 이래서는 공부도 제대로 되지 않을 뿐더러 사람 되는 교육은 아예 기대할 수 없지요. 시험도 학습의 한 부분일 뿐인데 말입니다.

사실 시험을 보는 큰 까닭은 평가 때문이기도 했어요. 이제 시험을 없애도 평가하는 데 아무 문제가 없다는 것이 확인된 셈인데 그래도 시험을 안 보니 아이들이 공부도 안 하고 실력도 떨어진다고 걱정하는 분이 계실지 모르겠습니다. 저는 그렇지 않다고 생각해요. 시험 공부는 비슷한 유형의 문제에 대한 연습이지 진정으로 공부에 도움이 되는 것은 아니었어요. 시험 치고 돌아서면 잊어버리는 걸 보면 알 수 있지요. 이해력을 키우려면 문제 푸는 연습보다 책 읽고 토론하고 독후감 쓰고 하는 공부가 훨씬 바람직한 공부지요.

아이들도 할 수 있는 일

어느 어머니가 딸이 대학에 입학해서 이제 제 할 일은 제가 하나 보다 했더니 오로지 공부만 하느라 양말 한 짝 빤 적이 없고 설거지 제대로 해 본 적이 없는 딸이라 여전히 손 하나 까딱하지 않아 자식 교육 잘못했다며 굉장히 속상해하시는 걸 봤습니다. 그런 것은 나중에 저절로 하려니 했는데 안 하더랍니다. 사람은 일을 하면서 살아가야 몸과 마음이 건강한데 마땅히 해야 할 일조차 하지 않으려고 하다니요.

지금 우리 아이들은 점수만 따면 다른 일은 다 면제 받고 있잖아요. 이건 안 될 일이지요. 요즈음은 농촌 아이들도 일을 모른다고 하는데 도시 아이들은 오죽 하겠어요. 도시에는 아이들이 할 일도 없어 보이고요. 그러나 아무리 할 일이 없다고 해도 찾아보면 있을 겁니다. 자기 일은 자기가 하고 집안일도 할 수 있는 일은 돕도록 하세요. 예를 들면 우산을 단정하게 접어 끈으로 꼭 묶는 일 정도는 스스로 할 수 있

도록 연습을 시켰으면 합니다. 또 끈을 자기 손으로 묶는 연습도 필요합니다. 학교에서 풍선을 불어 실로 매어 학습할 때 반 전체 아이들을 다 묶어 주다 보면 그만 한 시간이 끝나 버립니다. 아이들이 글씨 쓰기말고는 손을 놀려 보지 않아서 요령도 모르고 쩔쩔맵니다.

놀 줄 아는 아이

놀 줄 아는 아이는 몸과 마음이 건강합니다. 몇 년 전 4학년을 맡았을 때 아이들에게 시간을 주면서 "놀아라." 했더니 놀 줄을 몰라 "뭐 하고 놀아요?" 하며 아주 어려워해서 놀랐습니다. 그래도 "놀아라." 했더니 할 수 없이 운동 기구 위에 올라가 앉아 시간을 보내는 것이었어요. 놀아 보지 않아서 어떻게 노는지도 모르는 데다가 놀이 기구나 오락기 따위를 가지고 노는 버릇이 들어서 그냥은 못 놀더군요.

1학년 아이들은 아직 좀 덜하지만 오락기를 가지고 놀거나 놀이 기구 타면서 놀기보다는 되도록이면 여럿이 어울려 놀이를 만들어 가면서 놀게 하면 좋겠습니다. 부모님들이 재미있는 놀이를 알고 있다면 가르쳐 주셔도 좋지요. 어린이는 놀 권리가 있으니 씩씩하게 뛰어노는 것을 보고 절대로 시간 낭비한다고 생각하지 말았으면 합니다.

자연 가까이하기

학습 효과를 올리는 데는 실물을 보여 주면 가장 좋습니다. 무엇을 만들 때도 마찬가지고요. 실물을 구할 수 없어서 실물 비슷한 모형이나 사진, 그림 들을 대신 쓰기도 하는데 아무래도 실물보다 못하지요.

1학년 아이들은 말로만 하는 공부는 금방 싫증을 내지만 실물을 가지고 하면 아주 좋아하지요. 실물이 아니더라도 무엇이건 손에 들고 만지게 하거나 선생님이 들고 보여 주면 굉장히 좋아합니다.

그렇지만 이 도시에, 우리 나라 학교에 실물이 얼마나 있나요. 한 예로 우리 조상들의 생활을 가르치자면 농사짓는 연장을 일러 줘야 하는데, 이름과 생김새와 쓰임을 조금이라도 알게 하려면 말로는 되지 않습니다. 사진을 보여 주고 그림을 그려 보여도 별 도움이 되지 못합니다. 글자를 읽고 쓰고, 수를 계산하는 방법만 가르치고 말 수도 없는 일이고 이럴 때는 참 답답해요. 적어도 책에서 가르치는 기구나 동물, 식물만이라도 학교 박물관이나 실습지에서 보여 줄 수 있으면 얼마나 좋을까요?

책에 호박꽃 사진이 나오지만 도시 아이들은 모릅니다. 호박은 시장에서 봐서 알지만 잎이나 꽃은 알 리 없지요. 박은 더합니다. 흥부 놀부 이야기에서 박 얘기를 숱하게 읽었어도 실제로 어떻게 생겼는지 몰라요. 초가 지붕에 하얗게 피어 오르던 박꽃, 어릴 때는 따서 채를 쳐 국 끓여 먹고 여물면 반을 갈라 속을 파내고 잘 말려서 물바가지나 밥그릇으로 쓰던 소박한 삶을 이제는 우리 아이들에게 보여 줄 수 없어요. 박꽃도 볼 수 없고 누렇게 익은 큼직한 박은 더구나 볼 수 없습니다. 어느 구석에 호박꽃, 박꽃이 피어 있은들 자기 생활과 관계 없는데 무엇인지 알려고나 하겠어요.

책에 나오니까 학습 효과를 높이려고 일부러 보여 주자는 얘기는 꼭 아니에요. 아이들은 본래 머리로 생각해서 살아가는 것이 아니라 눈에 보이고 손에 잡히는 구체 현실로 살아가지요. 그러나 도시에서 아이들이 볼 수 있는 것은 너무 한정되어 있습니다. 아이들은 실제 모습이나 성질을 모르고 그냥 글로 외워서 알 뿐이에요. 만약에 어떤 사람이 현실에 뿌리를 내리지 못하고 관념 속에서만 살고 있다면 그 생각은 병들고 말 것이고 현실의 어려움을 이겨 내지 못하고 좌절하게 될 거예요.

제 얘기가 너무 비약하고 있군요. 아이들에게 보지도 못한 것을 외우게 하지 말고 실제 모습을 보여 주자는 얘기지요. 눈으로 봐야만 확실하게 믿는 아이들의 특성을 잊어서는 안 되겠어요.

부모님들이 하실 수 있다면 호박, 가지, 고추, 봉숭아, 채송화, 분꽃 따위를 키우면서 아이들에게 보여 주면 좋겠습니다. 그것이 어려우면 어디 갈 때마다 살펴서 아이들에게 가르쳐 주어도 됩니다.

아파트 잔디밭에서 누가 반기지도 않는데 저 홀로 피어 살아가는 민들레도 보게 하고, 도시라고 해도 진달래가 피지 않는 산이 없으니 산에 데려가서 그 속에 젖어 보게 해도 좋겠습니다. 백화점만 갈 게 아니라 사람 냄새가 확 나는 시장에서 사람들이 다양하게 살아가는 모습도 보여 주고 말입니다.

실물을 보여 줄 때도 그냥 보여 주고 외우라 하지 마시고 알맞은 이야기를 함께 들려 주면 더 실감이 나지요. 호박꽃과 분꽃을 가르쳐 줄 때 전래 동요를 먼저 가르쳐 주었더니 아이들이 훨씬 그 꽃들을 좋아하더군요. 분꽃이 화단가에 늘 있어도 뭔지 모르더니 이 동요를 듣고부터는 정말 꼭 맞다며 열심히 씨를 모으기도 했습니다. 어떤 동요인지 한 번 볼까요.

분꽃

노랑 나팔 열두 개
분홍 나팔 아홉 개
노랑 바지 우리 아기
노랑 나팔 불어라
분홍 치마 우리 언니

분홍 나팔 불어라
불어 보자 때 때
또 한 곡조 삐 삐
담 넘어서 때 때
골목에서 삐 삐
분꽃 나팔 수천 개
저녁 먹고 또 불자
-경북 지방

호박꽃

호박꽃을 따서는
무얼 만드나
우리 아기 조그만
촛불 켜 주지
-충북 충주 지방

그까짓 호박꽃, 박꽃 따위 모르면 어떠냐고 하실지 모르겠습니다. 단순히 호박꽃, 박꽃 얘기가 아니고 아이들을 관념 속에서 살아가지 않게 하자는 얘기지요. 아이들이 실제로 보고 느끼고 판단하고, 글로만 아는 게 아니라 몸으로 부딪쳐서 알게 하자는 얘기를 꼭 하고 싶습니다.

풀이나 나무 이름 가르쳐 주기

저는 농촌에서 자랐습니다. 자연 속에 묻혀 살았지요. 집 앞뒤, 길에 숱하게 깔려 있는 풀들과 나무들, 벌레와 산새와 함께 살았지요. 그 속에 살면서 이 풀 이름이 뭔지, 이 나무 이름이 뭔지 일부러 배운 적은 없습니다. 어른들도 일삼아 가르쳐 준 적은 없습니다. 그저 이렇게 저렇게 들어서 몸에 익혔을 뿐이지요.

그런데 몇십 년 동안 도시 생활을 하다 보니 어릴 때 시골 논둑 밭둑에, 집 둘레에 지천으로 깔려 있던 풀 이름을 다 잊어버렸습니다. 나무 이름도 새 이름도 거의 다 잊어버렸습니다. 못 보고 산 지도 아주 오래 됐습니다.

그러다 작년부터 나무나 풀들 이름에 관심을 가지게 되었습니다. 그러면서 반 아이들을 살펴보니 아이들은 꽃이고 나무고 풀이고 저마다 모두 이름을 가지고 있다는 사실조차 모르더군요. 또 나무나 풀 따위를 눈여겨보지도 않았습니다. 그래서 아이들과 교실 밖에 나가면 꼭 아이들에게 "이 풀 이름은 ○○란다, 이 나무 이름은 ○○○다." 하고 가르쳐 주었지요. 몇 번 그랬더니 아이들은 곧 관심을 가지기 시작했습니다. 잎을 뜯어 일기장에 붙이고 이름을 써 넣기도 하고요. 그걸 보고 저는 아이들이 풀이나 나무에 관심이 없는 게 아니라는 걸 알았습니다. 어른들이 눈을 틔워 주기만 하면 아이들은 단번에 관심을 가지고 알려고 애쓰는 것이었습니다.

아이들이 나무와 풀에도 이름이 있다는 걸 알면 자연히 눈여겨보게 되고, 다 비슷하다고 여기며 무심히 지나치던 것들에 대해서도 달리 보게 되겠지요. 그러면서 저마다 어떻게 다른지 알려고 자세히 보게 되지요. 어릴 때 기억은 어쩌면 영원히 잊혀지지 않을지도 모릅니다.

부모님도 도시에서 자라 나무나 풀 이름을 잘 모르시면 좀 어렵기는 하겠지요. 아이들과 함께 공부한다고 생각하고 한번 시작해 보세요. 서울만 해도 광릉 수목원, 홍릉 수목원, 관악산 서울대 수목원에는 나무에 이름을 다 써 붙여 놨더군요. 또 도봉산 여기저기에도 나무 이름이 붙어 있고요. 홍릉 수목원은 풀도 많습니다. 봄에 꽃이 필 때 꽃을 보고 이름을 외우기도 하고, 그 풀이나 나무, 또 열매들의 쓰임을 알면 쉽게 익힐 수도 있습니다. 식물 도감을 들고 다니면서 실제 식물과 견주어 보며 익히면 더 좋은 공부가 되겠지요.

아이들은 조금씩 알게 되면 될수록 더욱 알려고 애쓸 거예요. 나무와 풀을 어느 정도 알게 되면 새와 벌레들에 대해서도 알아보고 싶어 하겠지요. 그러고 보니 도시 아이들은 벌레라면 질색을 하더군요. 조그만 벌레나 곤충이 보이기만 해도 질겁을 하며 도망을 칩니다. 시골에서 자라면 나비, 벌, 거미, 지렁이, 거머리, 개구리는 말할 것도 없고 송충이라도 별로 겁내지 않을 텐데 도시 아이들은 자연과 너무 떨어져 자라서 그런지 조그만 벌레만 봐도 십 리만큼 도망가거나 때려죽이려 합니다. 흙을 만지거나 밟아도 큰일나는 줄 알고요. 아이들을 자연에 좀더 가깝게 해 줘야겠어요.

그러기 위해서 도시에 살면서도 할 수 있는 이런 일부터 시작하면 좋겠어요.

자연의 소리 들려 주기
— 필수 어머니께 드리는 편지

입학해서 얼마 안 돼 교실 정리를 도와 주시겠다고 하며 들르셨을 때 저에게 이렇게 말씀하셨지요.

"이렇게 맑고 천진한 아이들과 같이 사시니 선생님은 얼마나 행복하세요."

하고 말입니다.

그 말씀이 맞지 않을 때도 많지요. 그렇지만 행복하지 못할 때의 쓸쓸함이나 아픔을 씻어 주고도 남을 일 또한 많기 때문에 저는 역시 행복합니다. 필수 어머니같이 좋은 분을 만난 것도 행복 중에 행복이 아니겠어요.

필수네는 언제부터 아파트에 사셨어요? 저는 아파트에 산 지 5년이 못 되는데 아파트로 이사 올 때 아파트에 대해 공포감에 가까운 생각을 가지고 끌려오듯이 왔는데 살아 보니 그 정도는 아니지만 역시 땅바닥에 대고 있는 집에서 살 때와 느낌이 확실히 다르더군요. 꽉 들어찬 성냥갑 같은 아파트 숲이 비정함을 느끼게 했고, 흙이라고는 잔디밭과 놀이터말고는 구경할 수 없게 빈틈없이 시멘트로 발라 버려 더욱 숨막히게 했어요. 흙을 밟고 살아 왔는데, 내 발 딛는 곳 어디 하나 살아 있는 흙이 없으니 처음 얼마 동안은 바닥에 발을 내딛기 겁이 났어요. 생전에 동물이고 식물이고 집 안에 키운 적이 없던 내가 당장 동대문 시장으로 달려가 화초를 몇 개 사다 놓고 거기다 숨을 내쉬었으니까요.

이것뿐이 아닙니다. 8층에 사는 나는 얼마 안 가 내가 얼마나 자연과 멀리 떨어져 있는가 실감했습니다. 소리라고는 빵빵대는 차 소리, 아이들 떠드는 소리, 청소차가 쓰레기 끌어 담는 소리, 둘레 공사장에서 나는 기계 소리말고 자연의 소리는 들을 수 없어요. 바람 소리도 들리지 않고 빗소리도 들을 수 없어요. 눈 오는 소리는 더더욱 말할 바 없지요.

나는 비 오는 소리를 무척 좋아해서 하늘이 컴컴해지고 비바람이 몰아치며 세찬 비가 쏟아질 때면 학교에서고 집에서고 하던 일을 제쳐놓고 창 밖을 바라보거든요. 전깃줄을 윙윙 흔드는 바람 소리, 쏟아지는 비를 이리저리 마구 몰고 흔들다 아무 데나 던지는 바람, 쫙쫙 퍼붓는 비는 기분마저 상쾌하게 했습니다. 내 안에 찌꺼기를 싹 씻어 내는 것같이 상쾌했어요.

흙은 또 어떻고요. 흙 냄새는 바로 사람 냄새, 사람 사는 냄새잖아요. 그런데 아파트에는 그런 냄새도 없고 그런 소리도 없어요.

아파트는 비가 언제 오는지 알 수 없습니다. 일부러 지켜 서서 보거나 날씨 소식을 듣지 않고서는 알 길이 없습니다. 소리를 들을 수 없으니 말입니다. 비 온다는 소식을 듣고 베란다에나 복도에 나가 서 있어도 빗소리는 거의 내 귀에 잡히지 않습니다. 촬촬, 쪼르르, 후드득, 쫄쫄, 쭈루루……. 아무리 전에 듣던 소리를 잡아 보려고 해도 안 잡혀 싱거워서 그만 집 안으로 들어와 문을 닫아 버립니다.

눈에 보이는 것은 또 어떻습니까? 똑같이 네모난 아파트들, 토막 나 보이는 지저분한 하늘, 찻길……. 도무지 아파트 동네는 사람의 감성을 죽이는 곳이라는 생각밖에 안 듭니다. 이렇게 살다가는 본래 가지고 있던 감성마저 죽이겠는데 감성을 키워 가야 하는 아이들은 어떻게 되지요? 시를 쓰시며 시골 학교에서만 계시던 교장 선생님이 서울 와 보니 서울 아이들은 감각이 다 죽었더라며 한숨을 내쉬더군요.

그래도 아파트가 아닌 동네는 집 모양도 여러 가지고 선도 여기만큼 단조롭고 칼날 같지는 않지요. 다 똑같다고 해도 땅집에서는 빗소리,

바람 소리는 들을 수 있었거든요. 그런데 이제는 그것마저 잃고 말았어요. 도시에서는 인공의 소리, 인공의 냄새, 정신을 불안하게 하는 것말고는 볼 수 없습니다. 자연스러운 감각과 경험이 건강하고 풍성한 감성을 키우고 건강한 감성이 안정된 의식으로 자리해야, 한 사람의 성숙한 인간으로 완성되지 않겠어요? 윤구병 선생님이 〈실험 학교 이야기〉에서 내린 진단을 보겠습니다.

"도시 아이들이 정도의 차이는 있으나 저마다 신경증을 앓고, 고립감을 느끼고, 불안과 공포와 분노에 사로잡혀 충동적인 폭력에 휩쓸리거나 자살을 꿈꾸는 것은 불우한 가정 환경이나 잘못된 교육 탓만은 아니다. 청소년의 비행이 해마다 늘어나고 있는 것은 죽음의 원리가 지배하고 있는 도시 사회가 바로 어린 시절부터 계속해서 아이들의 감각에 돌이킬 수 없는 상처를 입혀 왔기 때문이라고 할 수 있다."

단단한 벽돌로 둘러싸인 아파트가 아이들이 살기에 가장 좋지 않은 환경임을 안다면, 왜곡되고 죽어 가는 아이들의 감성을 어떻게든 살려 주어야 하지 않겠어요. 그렇다고 아파트에서 당장 이사 갈 수는 없는 일이고, 형편이 되는 대로 아파트를 탈출하는 수밖에 없을 것 같습니다. 시끄러운 놀이 동산을 가기보다는 도시를 벗어나 아이들에게 자연의 소리를 듣게 하는 것입니다.

'바람 소리 들어 봐!'
'새 소리 좀 들어 보렴.'
'저 안개는 어때?'
'흙 냄새, 풀 냄새 나지?'
'빗소리도 아주 여러 가지지?'
'저 나무 등걸 좀 보렴!'

　이런 것은 말로 하기보다 알지 못하는 사이에 삶의 구석구석에 스며들어야 하는데 이렇게 주입식으로 집어 넣어야 하는 도시인의 삶이 서글퍼집니다.
　그러나 적어도 도시가, 아파트가 아이들의 감성을 죽인다는 사실을 어른들은 알고 있어야 하지 않겠어요.

우리말 교육
　우리말과 글을 연구하시고 바르게 지키려고 마지막 힘을 다 쏟고 계시는 이오덕 선생님이 몇 번이나 이렇게 한탄하시는 말씀을 들었습니다.

"글을 쓴다는 사람들이 '쳐다본다'는 말과 '내려다본다'는 말도 구별 못 해요. 발끝을 쳐다본다고 써 놨어요, 글쎄."

사전에 보면 '쳐다보다'는 '얼굴을 들고 치떠 보다.'로 나와 있고 '내려다보다'는 '위에서 아래로 향하여 보다.'로 되어 있습니다. 발이 천장에 붙어 있지 않은 다음에야 이렇게 써서는 안 되지요. 굳이 사전을 빌리지 않더라도 우리는 위를 볼 때 '쳐다본다'고 하고 아래를 볼 때는 '내려다본다'고 합니다. 그런데 우리도 모르는 사이에 우리말의 쓰임이 뒤죽박죽이 되고 있습니다. 또 있습니다. 어린 학생이나 젊은 이들은 말끝마다 '~ 같애요.'라고 합니다.

"여기 와 보니 참 좋은 것 같습니다."

고 해요. 자기 스스로도 자신의 느낌이나 감정에 자신이 없다는 뜻이지요. "참 좋습니다." "참 좋군요." 하고 분명하게 말해야지요.

방송하는 사람들 말은 더 엉망입니다. "~ 보여집니다." "생각되어집니다." 하고 늘 말합니다. 자기가 자기 눈으로 보고 자기가 보고 판단하는데 '~ 보여지는' 것은 뭐고 '생각되어지는' 건 또 뭡니까? 잘못된 것을 말하자면 한도 끝도 없어 그만두겠습니다.

우리가 쓰고 있는 말은 우리 겨레가 몇천 년 동안 갈고 닦아 지금 우리에게 이르렀습니다. 우리말에는 우리 겨레의 삶의 모습, 감정 들이 고스란히 담겨 있습니다. 말은 생활을 표현하고, 감정을 담아 내는 그릇인 셈입니다. 우리말에는 움직씨(동사)와 어찌씨(부사), 그림씨(형용사)가 다른 나라 말보다 훨씬 많다고 합니다. 우리 겨레의 삶의 모습이나 감정이 그만큼 섬세했다고 볼 수 있지요.

우리가 오천 년 동안 한겨레로 우리 고유의 말과 글을 가지고 살아

왔으므로 우리말과 글은 바로 우리의 얼을 그대로 담고 있는 것입니다. 그뿐 아니라 우리말 속에는 우리말만이 가지는 독특한 말법이 또한 있습니다. 말과 말을 잇는 보이지 않는 줄, 말이 살아 있게 하는 어떤 규칙, 질서 들 말이지요.

그런데 어느 때부턴가 우리말과 글과 말법이 마구 무너지기 시작해서 지금은 우리말이 커다란 위기에 서 있습니다.

사람들은 "말이란 자기 생각을 전하기만 하면 되지 다른 무엇이 더 필요하냐."고도 하고 "말이란 시대에 따라 자꾸 변하는 게 아니냐."고 대수롭잖게 말하기도 합니다. 그러나 이렇게 간단하게 생각해 버릴 일이 아닙니다.

오천 년 동안 이어 온 우리말은 단순히 의사 소통의 도구를 넘어 우리 겨레의 얼을 담고 있습니다. 조상들이 전해 준 깨끗하고 고운 말을 지키면서 시대에 맞게 더 넓혀 가야 하는데 지금 우리말은 영어, 한자말로 해서 점점 죽어 가고 있습니다. 말만 없어지는 것이 아니라 말법조차 영어 말법이나 일본 말법으로 바뀌고 있습니다. 앞에서 '되어진다'는 말이나 요즈음 글 쓰는 사람이면 모조리 쓰다시피 하는 '했었다' '갔었다' 따위가 다 외국 말법입니다. 이제는 우리말이 영어를 배우기 위한 수단으로 쓰이고 있다는 한탄까지 나오고 있습니다.

아이들 말도 이제는 깨끗하지 않습니다. 그 전 같으면 어머니 품에서 어머니의 말과 옛날 이야기를 듣고 자랄 아이들이 아주 어려서부터 책으로, 테이프로 이야기를 듣고 말을 배우다 보니 어머니가 또 그 어머니로부터 배운 깨끗한 우리말이 아니라 아주 재미 없고 틀에 박힌 말만 배우게 되었습니다.

아이들이 읽는 책을 한번 보세요. 거기에 나오는 말들이 얼마나 엉망인지. 1학년 아이들이 도무지 알 수 없는 어려운 한자말을 마구 쓰고 있습니다. 이래 가지고는 아이들의 말글살이가 어찌 될지 뻔하지 않습니까?

　요즈음 아이들이 쓰는 말이 재미도 개성도 없이 다 비슷비슷한 것은 바로 어머니의 이야기로 아이들을 키우지 않고 책으로 키운 탓이라고 생각합니다. 50명의 아이가 저마다 자기 어머니한테 말을 배운다면 50가지의 다른 말을 배우지만 50명의 아이가 유명하다고 하는 책 한 권으로 배운다고 했을 때 모두 다 비슷한 말을 하게 되지 않겠어요.

　이제는 모든 면에서 아이들을 보호하기 어려운 시대가 되었습니다만 그래도 어머니는 가장 훌륭한 교사입니다. 아이들의 말과 글에 대해서도 학교나 책에 맡겨 놓을 게 아니라 어머니가 뛰어들어야 합니다.

　먼저 우리말이 죽어 가고 있다는 것을 아셔야겠지요. 그리고 아이들이 보는 책을 잘 살펴서 잘못된 표현이나, 우리말이 있는데도 한자말을 그대로 쓴 것들을 아이와 같이 고쳐 보면 좋은 우리말 공부가 될 것입니다.

　아이들이 '천천히'라는 우리말을 제대로 배우지 못하고 책을 읽다 보니 '천천히'는 모르고 한자말인 '서서히'를 써 버립니다. 물론 한자말을 하나도 안 쓸 수는 없지만 우리말이 있는 것은 꼭 살려 써야지요. 또 책이고 어디고 보면 모조리 '미소짓다'로만 씁니다. 우리말에 웃음을 나타내는 말이 얼마나 많은데 이 한 가지 말말고는 죽어 버렸어요. 얼마나 재미 없는 말입니까.

　농촌이 죽으니 농사지으며 살 때 만든 고운 말이 자꾸 없어지는데 어머니가 아시는 대로 아이들에게 가르쳐 주세요. 풀이고 곡식을 '베는' 것도 모르고, 꽃씨 '받는' 것도 아이들은 모릅니다. 어머니들끼리 모임을 만들어 '우리말 지키기' 같은 것을 하시면 얼마나 좋을까요?

우리의 말과 글만 지키고 있어도 어떤 어려움이든 이겨 나갈 수 있을 텐데요. 이 일에 관심이 있으신 분들은 이오덕 선생님이 쓰신 〈우리 글 바로 쓰기 1, 2, 3〉(한길사)를 보셔도 좋을 겁니다.

환경 교육

얼마 전 몇 분 선생님들과 같이 환경 기행을 다녀왔어요. 남한산성에 있는 소나무와 서울 남산에 있는 소나무를 견주어 보면서 대기 오염 실태와 그것이 나무에 미치는 영향을 알아보았습니다. 그 때 우리를 안내하면서 설명해 주던 젊은 연구원이 환경 교육은 어릴 때 할수록 효과가 크다고 강조했습니다. 주부를 대상으로 하는 강연도 해 보고 직장인, 중고등 학생들한테도 강연을 해 보지만 초등 학생만큼 효과가 있지는 않다는 것입니다.

어른들은 머리로는 어린 아이들보다 빨리 이해하고 금방 그렇다고 머리를 끄덕이지만 돌아서면 잊어 버린다는 겁니다. 어머니들은 쓰레기를 줄이자는 얘기나 비닐 종이 때문에 생기는 공해 문제 따위를 열심히 고개를 끄덕이며 듣고도 강연장을 나가서는 시장에 들러 모두 손에 손에 비닐 봉지 몇 개씩 들고 물건을 담아 갑니다. 아이들은 들을 때는 어른보다 빨리 이해가 안 가 머리를 갸웃하지만 곧바로 그대로 실천한다고 합니다. 그러면서 그분은 자기도 초등 학교 교사가 되고 싶은데 길이 없겠느냐고 했습니다.

정말 환경 문제는 심각한 지경에 이르렀습니다. 수돗물 문제는 말할 것도 없고 서울의 대기 오염은 아직 런던에서처럼 바로 죽음을 몰고 오지는 않고 있지만 그래도 최악의 상태가 아닙니까? 누구라도 시골 가서 공기 맡을 때와 서울이 확 다르다는 것을 잘 알고 계실 겁니다.

환경 문제가 워낙 범위가 넓기 때문에 어디서부터 얘기를 해야 할지 모르겠습니다. 우리가 살고 있는 모든 생활이 환경과 관계되지 않은 것이 없잖아요. 자동차, 대소변, 음식 찌꺼기, 설거지물, 빨래, 머리 감는 일, 비닐 봉지, 플라스틱 제품, 집 안에 있는 가전 제품. 이제 보니 우리 생활을 편리하게 해 준다고 하는 것들이 몽땅 환경을 더럽히고 파괴하고 있으니 '편리한 생활, 발전하는 조국'을 가르칠 때 어떻게 환경 문제와 대립하지 않게 설명해야 할지 난감합니다.

저도 초등 학교 교사들의 책임이 크다는 말을 듣고 우리 반 아이들에게 환경을 잘 보존해야 하는 까닭을 얘기하고 우리가 지키고 실천할 일을 강조합니다. 그러다 보니 벽에 부딪히게 되더군요. 아이들 뒤에 있는 부모님이 함께 이 문제를 중요하게 생각하고 돕지 않으면 아이들은 교사와 부모 사이에서 갈등을 겪게 되고 자칫하면 이중 행동을 하게 될 것 같습니다. 같은 생활도 한결같이 생각해서 행동하지 못하고 이럴 땐 이렇게 행동하고 저럴 땐 저렇게 눈치봐 가면서 하게 되지 않겠어요. 환경 문제에 대해서만은 이래서는 안 되는데 말입니다.

그러니 아이들에게만 '어떻게 해라.' '뭐 하지 마라.' 해서 될 일이 아니지요.

속초에 사는 젊은 선생님 한 분은 실험과 현장 견학을 통해 아이들에게 환경 문제가 심각함을 확실하게 깨닫게 해 주고 있습니다. 그래서 아이들이 부모와 지역 어른들을 다시 일깨우고 있습니다만 모든 어른들이 아이들에게 배워서 안다면 그것도 부끄럽지 않겠어요.

우리들 모두 살아가는 일과 아이들 공부시키는 일에 너무 매달리다 보니 환경 문제 같은 데는 관심조차 없는 게 사실입니다. '환경 문제는 생활에 여유가 있고 난 뒤에 생각할 일이지.'라든가, '살아가기 위해 어느 정도 환경을 희생시킬 수밖에 없어.'라거나 '나만 수돗물 안 먹고 약수물 떠다 먹으면 되지.'하는 생각들이 돌이킬 수 없도록 환경을 악화시키고 있지요.

이제 대도시의 공기는 숨을 쉬기 어려울 만큼 더러워졌고, 나쁜 공기로 해서 갖가지 병에 시달리고 있으며 이제 몇 년 안 가 먹는 물로 쓰고 있는 지하수도 모두 오염이 될 것이라고 하는데 어떻게 태연하게 있을 수 있겠어요. 편리한 생활을 벗어 던지고 예전의 생활로 돌아갈 수 없다면 편리한 생활과 환경 살리기가 함께 할 수 있도록 지혜를 생각해 내고 실천해야 하지 않을까요.

아이들에게는 아이들에게 맞는 실천 거리가 있습니다. 샴푸 대신에 비누로 머리를 감으면 돼요(아이들은 머리숱도 많지 않고, 그렇게 더럽지도 않아서 비누면 충분한데 왜 샴푸를 쓰는지 모르겠어요). 또 아이들이 사 먹고 버리는 과자 봉지, 비닐 봉지들이 엄청난데 그 봉지들의 문제와 과자의 색소에 대해서 잘 설명해 주면 아이들은 곧 알아듣고 자연을 지키려고 애를 씁니다.

그것말고도 자주 새 물건을 사지 않고, 모든 물자를 아껴 쓰는 것도 환경을 지키는 일임을 알게 하고 그것이 몸에 배도록 해야겠습니다. 물자가 흔하다고 아까운 줄을 모르거든요. 음식을 남기지 않고 깨끗이 다 먹는 일, 쓰레기를 꼭 버릴 곳에 버리는 일도 아이들이 할 수 있는 일입니다.

그러나 아이들이 무슨 환경을 오염시키나요. 다 어른이지요. 세제로 설거지하는 일, 샴푸와 린스로 머리 감기, 가루 비누로 빨래하기, 시장 바구니 대신 비닐 봉지에 담아 오는 일 들, 우리 어른들이 잘못하는 일이 더 많지요.

이제 환경 문제는 전 국민이 관심을 가지고 바로 실천할 때입니다. 부모님들이 먼저 이 일의 중요성을 깨닫고 온 식구가 함께 '우리 집에서 할 수 있는 환경 보호'를 찾아서 실천하고 그것을 이웃에 널리 퍼뜨려야 합니다. 부엌에서 쓰는 물비누 한 방울 쓸 때도 한 번 더 생각하고, 음식 하나라도 버리지 않으려는 부모님의 태도가 자식들에게 좋은 환경 교육이 될 것입니다.

사람이 살 수 없는 땅, 마실 수 없는 물을 만들어 놓고 아이들에게 공부만 시킨들 무슨 소용이겠어요.

아이들의 순수함을 지켜 주세요

얼마 전 여동생이 이제 다섯 살 되는 사내 아이를 데리고 와서 며칠 묵어 갔습니다. 조카를 배웅하고 집으로 들어왔는데 갑자기 집이 아주 어둡게 느껴져 한동안 멍하니 앉아 있었습니다. 아이는 빛이며 꽃이라는 걸 그 때 알았습니다. 빛이 있다가 가고 없으니 당연히 집이 캄캄해 보이지요. 티 없이 맑은 눈, 꾸밀 줄 모르는 순수한 마음.

'이 세상에 아이들이 없다면?'

상상하고 싶지도 않습니다.

아이들은 어리면 어릴수록 더 맑고 깨끗한데 초등 학생 가운데는 1학년 아이들이 가장 천진합니다. 학교에서는 자유로움보다는 규칙과 질서를 더 강조하다 보니 아이들을 실제보다 큰 아이 취급할 때가 많은데 가끔씩 내 마음을 일깨우는 일이 생깁니다. 그럴 때면 깜짝 놀랍니다. 깨끗하고 꾸밈없는 마음에 내 영혼까지 맑아지지요.

한 번은 우리 반 지은이가 일기장을 가지고 와서 보이며

"선생님, 엄마가요 내가 일기에 시를 썼다고 지우고 다시 쓰라고 해서 뒤에 다시 썼어요."

하고 말했습니다. 지은이가 펼쳐 보여 주는 일기장을 보니 "수첩아, 수첩아, 고마운 수첩아." 하며 시를 한 편 길게 썼는데 내용을 읽어 보

니 화가 날 만도 했습니다. 그 글에 긴 가위표가 그어져 있고 뒷장에는 지은이가 어머니한테 야단맞고 다시 쓴 일기가 있었습니다.

저는 지은이 얼굴을 가만히 들여다보았어요. 지은이 얼굴은 어제 일이 부끄러워 숨기려는 마음은 티끌만큼도 없이 맑아 보였습니다. 좀 큰 아이들 같으면 어림도 없는 일이지요. 사실을 숨김 없이 보여 주는 1학년 아이들! 저는 지은이 때문에 그 동안 잊고 있었던 1학년 아이들만의 깨끗한 마음을 다시 한 번 돌아보았습니다.

공부 시간인데 광행이가

"선생님, 어머니 아버지는 왜 자식들이 속 썩이면 소리치고 욕을 하고 그래요?"

하고 물어서 저는 놀랐습니다. 너무도 당연한 일을 모르고 있어서 놀랐지요.

"아이고! 그럼 자식들이 속 썩이면 어머니 가슴에 멍이 들어 아파서 병이 생기는데 야단 안 쳐?"

하니 광행이는 고개를 끄덕이며 "그렇구나." 했습니다. 그 순진한 모습에 저는 부끄러워졌습니다. '내가 정말로 1학년 아이들을 너무 모르는구나.' 하고요. 그래서 다시 한 번 차근차근 쉽게 부모님들이 소리지르고 야단치는 까닭을 얘기해 주었습니다.

1학년 아이들은 특별한 환경에 있지 않는 아이라면 슬프거나 화나는 감정을 잘 모릅니다. 모든 일을 다 즐겁고 재미있고 우습게 생각하지요. 물론 기분 나쁜 일은 있지만 자기의 어떤 행동이 어른들을 화나게 하고 속상하게 하는지 모릅니다. 왜 어른들은 그렇게 화를 내고 잔소리를 하는지 이해하지 못합니다. 또 아이들은 그런 기분 나쁜 일은 싫어합니다. 그래서 교사나 어른들이 야단쳐도 잘못했다고 고개 숙이는 게 아니라 웃어 버려요. 어린이가 아니면 가질 수 없는 마음이지요.
　또 한 번은 한 남자 아이가 아주 쓸쓸한 얼굴로
　"선생님, 우리 엄마하고 아버지는 일요일은 외롭고 슬프대요. 그래서 어제도 7시에 잤어요. 내가 엄마 하는 말을 들었는데 엄마가 시골 할머니 집에 가도 힘든 일만 시키고 잘 해 주지도 않는다고 외롭다면서 우셨어요."
했습니다.
　그 아이는 부모님들이 속상해하는 일을 잘 알지는 못하지만 몰래 주고받는 이야기 속에서 자기도 뭔지 모르는 쓸쓸한 느낌을 가졌겠지요. 그 말을 하는 표정이 어찌나 진지해 보였던지 나도 가슴이 서늘해지면서 꼭 안아 주고 싶었습니다.
　우리 모두가 이렇게 아무 계산도 할 줄 모르고 남에게 뽐내려고도 감추려고도 하지 않는 아이들 마음을 잃지 않는다면 미움이 왜 생기고 전쟁이 왜 생기겠어요? 꽤 오랫동안 아이들과 같이 살아가고 있는 저부터도 아이들 마음을 도저히 배울 수 없지만요.
　이렇게 계산할 줄도, 감출 줄도, 꾸밀 줄도 모르는 아이들도 학교 생활을 해 가면서, 점점 자라면서 그 마음을 다 잃어버리고 맙니다. 그런데 아이가 남에게 이렇게 솔직했다가는 당장 부모한테 야단맞습니다. 어른들이 아이들을 잘못 가르치는 셈이지요.
　"너는 그런 얘기까지 해서 우리 집 망신을 시키니? 좋은 것은 얘기해도 되지만 그런 부끄러운 일은 숨겨야지. 다른 사람들이 우리를 무시할 거 아니야. 한 번만 또 그대로 얘기했다가는 그 때는 가만두지 않겠다."
하고 당장에, 아이들의 거짓 없는 마음을 거짓된 마음으로 바꾸도록 합니다. 어머니 아버지가 싸운 이야기, 부모들의 잘못을 지적한 글,

야단맞은 이야기 따위를 써서 문집에라도 실리는 날에는 난리가 납니다. 아이들 글에서 배우기는커녕 고개를 들고 살 수 없다고 야단쳐서 아이가 다시는 솔직한 글을 쓸 수 없게 만듭니다.

아이들의 맑은 마음을 어지럽히는 것은 얼마든지 있습니다. 어른들의 문화도 아이들을 물들이는 것 가운데 하나겠지요. 텔레비전이나 비디오 따위도 아이들의 맑은 영혼을 더럽힙니다. 1학년 여자 아이가 비디오를 보고 쓴 글입니다.

1993년 10월 28일 목요일. 약간 흐림.

비디오

김매화

세라네 집에서 인형 놀이를 하고 비디오를 봤다. 그건 보배 비디오였다. 비디오 제목은 '요자 3' 이었다. 중간에 요자가 젖이 보이게 잘라졌다. 세라랑 나랑 보배랑 웃었다. 또 팬티도 보였다. 우리들은 또 웃었다. 팬티도 보이게 잘라졌다. 우리는 또 웃었다.

요자는 주인공이다. 요자 3은 재미있었다. 끝나고 보니 참 아쉽다. 그렇지만 언젠가는 볼 수 있을 거다. 그러면 아쉽지 않을 거다.

저는 아이들의 깨끗한 마음을 오래오래 지켜 주고 싶습니다. 아이들의 마음이야말로 우리가 배우고 지켜야 할 마지막 고향이기 때문입니다.

마지막으로, 몇 해 전에 가르친 1학년 아이들에 대해 쓴 글 두 편을 싣습니다.

"선생님, 왜 결혼 안 하셨어요?"

바른 생활 공부를 하는데 운동장 쪽, 맨 끝 분단에 앉은 진호가 슬그머니 자리에서 일어나 내가 서 있는 앞으로 오더니

"선생님한테 물어 볼 게 있는데요."

하더니

"선생님, 결혼하셨어요?"

한다.

"너는 공부하다 말고 갑자기 그런 걸 왜 묻니?"

하니 그냥 들어간다.

공부하면서 생각하니 그렇게 묻는 말을 덮어 버리기도 안 되어서 공부를 한 매듭 지어 놓고

"진호는 갑자기 그건 왜 묻니?"

하니 다른 아이들도 관심이 많은 얼굴이다. 진호가 미처 대답하기 전에 맨 뒷줄에 앉은 소연이가 배시시 웃으며

"선생님이 우리 엄마보다 나이가 많은데 결혼을 안 해서 궁금해서 그래요."

한다. 진호는 내 물음에 마땅하게 대답할 말이 없었던지

"선생님이 결혼 안 했으니 나도 안 하려고요."

한다.

그러니 여기저기서

"나도 안 할 거예요."

하고 난리다. 여자 아이들은 가만 있는데 남자 아이들이 그런다. 이런 속에서 범수는 제법 어른스럽게 다른 소리를 냈다.

"선생님, 자기는 결혼을 안 하려고 해도 저절로 하게 되지요?"

"그럼, 안 하면 안 되지. 그래야 아들딸 낳고 그러지. 모두 결혼 안

하면 일할 사람도 없고 어쩌니?"
"에, 선생님도 안 했잖아요."
아이들 소리는 수그러들 줄 모른다. 나는 이번에야말로 아이들에게 할 기막힌 말을 생각해 냈다. 이 말을 하면 녀석들 아무 말도 못 할걸.
"응, 그건 말이지. 다른 사람들이 다 결혼해서 아들딸을 잘 낳아서 잘 키우니까 나는 안 해도 돼."
"어, 나도 그럴 거예요."
"나도요."
아이고, 나는 너무 솔직해서 탈이다. 처음에 녀석들이 물었을 때 시치미 딱 떼고
"그럼, 아들도 있고 딸도 있어."
하고 꾸며 댔더라면 오늘 같은 난리는 없었을 텐데.

천당에 가서도 책을 읽으려면

공부를 하다가 좀 지루한 틈에, 1학년 아이들한테는 좀 어려울 것 같은 얘기를 그래도 했다.
"얘들아, 나는 요즈음 책 읽는 데 재미가 붙었단다."
그러자 목소리가 크지 않은 진우가 단번에 관심을 보이며 몸을 내 쪽으로 밀며 들릴락 말락 하는 소리로 "나도 그런데." 한다.
"내가 요전에 책이 너무 재미있고 눈물이 나서 밤 늦게까지 울면서 읽어서 아침에 보니 눈이 퉁퉁 부었더라고 했지? 그저께는 누가 책을 한 권 주어서 지하철 타고 오면서 다 읽었는데 너무 재미있었거든. 어제는 책방에 가서 책을 한 권 샀는데 너무 재미있어서 밤새 다 읽고 싶은 걸 몸도 아프고 해서 억지로 잤어. 나는 죽으면 다른 것은 괜찮은데 재미있는 책을 못 읽는 것이 걱정이야. 천당에 가서

도 이렇게 재미있는 책을 읽을 수 있으면 좋겠는데."
그러자 범수가 자리에서 일어나 손을 흔들며
"천당에 가서도 읽지요, 뭐."
한다. 웃음이 담긴 얼굴에는 걱정할 게 하나도 없다는 투다.
그 때 범수 옆에서 내 말을 심각하게 듣고 있던 진호가 앉은 채로
"천당에 가면 아무것도 안 하는데. 놀기만 해요."
했다. 진호는 내가 걱정하는 것이 절로 걱정되는 모양이다.
그러자 앞에서 네 번째에 앉아 있던 광행이가 조용히 내 앞으로 걸어 나와서는
"선생님, 그러면 죽을 때 책을 이렇게 꼭 안고 죽으세요. 그러면 돼요."
하고는 제자리로 간다. 광행이는 제 가슴에 두 손으로 책을 품는 시늉까지 해 보이며 내 큰 걱정을 해결해 주고 간다. 내가 처음에 이 얘기를 꺼낼 때는 생각하지도 못했던 반응들이다. 그 때 세 아이들의 표정이 정말 진지하고 솔직했다.
똑같은 이야기를 큰 아이들에게 했다면 결코 이 아이들 같은 말을 못 할 것이다.
"돌아가실 때 책을 안고 돌아가시지요."
하면서 내용은 1학년 아이들과 같은 말을 한다고 하더라도 큰 아이들은 자기가 하는 말을 믿지 않으며, 빈정대는 투로 말했을 것이다. 1학년 아이들은 자기가 하는 말을 그대로 믿으며 진지하게 확신을 가지고 말하는 것이 큰 아이들과 다른 점이다. 그만큼 1학년 아이들은 아무 계산도 의심도 없다. 1학년 아이들이 순수하기 때문이다.

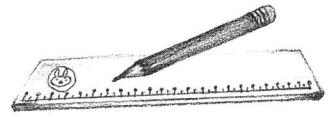

부모님께 도움이 되는 자료

1학년 아이들에게 권하는 책
학부모에게 권하는 책
아이들과 함께 가 볼 만한 곳
(박물관, 미술관, 자연 학습장)
어린이 도서관
아이들 문제를 상담할 수 있는 곳
어린이 책 전문 서점

1학년 아이들에게 권하는 책

강아지 똥   권정생 글, 정승각 그림, 길벗어린이

개구리와 두꺼비가 함께   아놀드 로벨 글 그림, 비룡소

까마귀 소년   야시마 타로 글 그림, 비룡소

까막나라에서 온 삽사리   정승각 글 그림, 초방책방

나도 쓸 수 있어요   한국글쓰기교육연구회 엮음, 웅진닷컴

내가 처음 쓴 일기   대구 금포 초등 1학년 2반 글, 윤태규 엮음, 보리

내게는 소리를 듣지 못하는 여동생이 있습니다

　J. W. 피터슨 글, D. K. 레이 그림, 중앙출판사

내 거야!   레오 리오니 글 그림, 마루벌

너하고 안 놀아   현덕 글, 송진헌 그림, 창비

두꺼비 신랑(옛 이야기 보따리 1)   서정오 글, 보리

딱지 따먹기(보리 어린이 노래마을 1)   초등 학교 아이들 시, 백창우 곡, 강우근 그림, 굴렁쇠 아이들 노래, 보리

바람 도깨비   어린이도서연구회 엮음, 우리교육

뻘 속에 숨었어요   도토리 기획, 이원우 그림, 보리

뿌웅~ 보리 방귀   도토리 기획, 김시영 그림, 보리

봄날, 호랑나비를 보았니?   조은수 글, 문승연 꾸밈, 길벗어린이

세밀화로 그린 보리 어린이 식물도감, 동물도감   도토리 기획, 보리

세상이 생겨난 이야기   김장성 글, 사계절

아무도 내 이름을 안 불러 줘   한국글쓰기연구회 엮음, 보리

지각대장 존   존 버닝햄 글 그림, 비룡소

참대곰이 동물 백화점을 차렸어요   정태선, 박희준 엮음, 장백

초록색 엄지손가락을 가진 뚜뚜(세계 교과서에 실린 명작동화 3)   일과놀이

친구 없이는 못 살아   이재복 엮음, 산하
캄펑의 개구쟁이   라트 글 그림, 오월

학부모에게 권하는 책

나는 우는 것들을 사랑합니다   임길택 씀, 보리
내 영혼이 따뜻했던 날들   포리스트 카터 씀, 아름드리
바보 만들기   존 테일러 개토 씀, 푸른나무
부모 역할 배워지는 것인가   토머스 고든 씀, 한국심리상담연구소
부모와 아이 사이   하임 기너트 외 씀, 양철북
사고, 학습 그리고 망각   프레데릭 베스터 씀, 범양사 출판부
살아 있는 교실   이호철 씀, 보리
살아 있는 그림 그리기   이호철 씀, 보리
삶을 가꾸는 글쓰기 교육   이오덕 씀, 보리
선생님 나 집에 갈래요   윤태규 씀, 보리
아이는 어떻게 성공하는가   존 홀트 씀, 샘터사
아이들은 이렇게 사는 법을 배웁니다   가토 다이조 씀, 고려원 미디어
어린이 그림책의 세계   마쓰이 다다시 씀, 이상금 엮음, 한림
어린이의 특성에 맞춘 교육   신시아 토비아스 씀, 생명의 말씀사
옛 이야기 들려 주기   서정오 씀, 보리
우리 동화 바로 읽기   이재복 씀, 한길사
우리들의 하느님   권정생 씀, 녹색평론사
일기 쓰기, 어떻게 시작할까   윤태규 씀, 보리
작은 학교가 아름답다   편집부 엮음, 보리

잡초는 없다   윤구병 씀, 보리
중단된 학교시절   폴커 미헬스 씀, 배영사
쿠슐라와 그림책 이야기   도로시 버틀러 씀, 보림
평등한 부모, 자유로운 아이(또 하나의 문화 제1호)   또 하나의 문화
학대받는 아이들   이호철 씀, 보리
행복한 학교 서머힐   알렉산더 니일 씀, 양서원

아이들과 함께 가 볼 만한 곳

박물관

서울

국립 민속박물관   02)3704-3114   종로구 세종로 경복궁
국악박물관   580-3130   서초구 서초동 예술의 전당 국립국악원
궁중유물 전시관   771-9952   중구 정동 덕수궁
김치박물관   6002-6456   강남구 삼성동 무역센터
남산 지구촌민속박물관   773-9490   용산구 용산동 2가 남산 서울타워
농업박물관   2224-8273   강동구 성내동 농협 서울 지역 본부
떡·부엌살림박물관   741-5414   종로구 와룡동
롯데월드 민속박물관   411-4765   송파구 잠실동
삼성 출판박물관   394-6544   종로구 구기동
서울교육사료관   736-2859   종로구 화동
서울중요무형문화재 전수회관   3453-1685   강남구 삼성동
석주선기념 민속박물관   709-2186   용산구 한남동 단국대학교

옹기 민속박물관   900-0900   도봉구 쌍문동

짚풀 생활사 박물관   743-8787   종로구 명륜동

한국자수박물관   515-5114   강남구 논현동

경찰박물관   733-9779   종로구 내자동 서울지방경찰청

삼성 어린이박물관   2143-3600   송파구 신천동

서대문 독립공원   364-4686   서대문구 현저동

서대문 자연사박물관   3142-3030   서대문구 연희3동

육군사관학교 육군박물관   976-6454   노원구 공릉동

전쟁기념관   709-3139   용산구 용산동

조흥 금융박물관   738-6806   중구 태평로 조흥은행 광화문 지점

한국은행 화폐금융박물관   759-4881   중구 남대문로

LG 사이언스홀   3773-1053   영등포구 여의도동 럭키금성 트윈 빌딩

경기도

경기도박물관   031)288-5300   경기도 용인시 기흥읍

국립산림박물관   031)540-2000   경기도 포천군 소흘읍

덕포진 교육박물관   031)989-8580   경기도 김포시 대곶면 신안리

중남미문화원   031)962-7171   경기도 고양시 고양동

철도박물관/철도유물 관리실   031)461-3610   경기도 의왕시 월암동

한국등잔박물관   031)334-0797   경기도 용인시 모현면

한국상업사박물관   031)339-1231   경기도 용인시 남사면 창리

충청도

공군사관학교 공군박물관   043)229-6071   충북 청원군 남일면

공주 민속극박물관   041)855-4933 충남 공주시 의당면 청룡리
독립기념관   041)560-0114 충남 천안시 목천읍
온양 민속박물관   041)542-6001 충남 아산시 온양3동
우정박물관   041)560-5900 충남 천안시 유량동 정보통신공무원교육원
청주 고인쇄박물관   043)269-0556 충북 청주시 직지로
한밭 교육박물관   042)626-5394 대전시 동구
화폐박물관   042)870-1000 대전시 유성구 가정동

강원도

석봉 도자기미술관   033)638-7711 강원도 속초시 교동
애니메이션 박물관   033)243-3112 강원도 춘천시 서면
영월 책박물관   033)372-1713 강원도 영월군 서면
태백 석탄박물관   033)552-7730 강원도 태백시 소도동

전라도

국립해양유물전시관   061)278-4271 전남 목포시 용해동
나주 배박물관   061)331-5038 전남 나주시 금천면
한국대나무박물관(죽물박물관)   061)381-4111 전남 담양군 담양읍
팬아시아 종이박물관   063)210-8103 전북 전주시 덕진구

경상도

건들바우박물관   053)421-6677 대구시 중구 삼덕동
경보화석박물관   054)732-8655 경북 영덕군 남정면
국립경주박물관   054)740-7518 경북 경주시 인왕동
하회동 탈박물관   054)853-2288 경북 안동시 풍천면

해군사관학교 해군박물관　055)549-1121　경남 진해시 앵곡동

제주도

국립제주박물관　064)720-8000　제주도 제주시 건입동
야구박물관(한국야구명예전당)　064)739-8956　제주도 북제주군 서귀포시 강정동
제주도 민속자연사박물관　064)722-1588　제주도 제주시 일도2동
제주 민속박물관　064)787-4501　제주도 제주시 삼양3동

미술관

국립현대미술관　02)2188-6000　경기도 과천시 막계동
광주 시립미술관　062)525-0968　광주시 북구 운암동
금호미술관　02)720-5114　서울시 종로구 사간동
덕수궁 미술관　02)779-5313　서울시 중구 정동 덕수궁
서울 시립미술관　02)2124-8800　서울시 중구 서소문동
성곡미술관　02)737-7650　서울시 종로구 신문로 2가
아트선재 미술관　054)745-7075　경북 경주시 신평동
아트선재센타　02)733-8945　서울시 종로구 소격동
월전미술관　02)732-3777　서울시 종로구 팔판동
일민미술관　02)2020-2055　서울시 종로구 세종로
환기미술관　02)391-7701　서울시 종로구 부암동

자연 학습장

서울

국립서울과학관   02)3675-5114   종로구 와룡동
남산식물원   02)753-2651   중구 회현동
서울대공원 동물원   02)500-7311~4   경기도 과천시 막계동
서울대공원 동물교실   02)500-7780   경기도 과천시 막계동
서울대공원 식물원   02)500-7804   경기도 과천시 막계동
서울대공원 식물교실   02)500-7862   경기도 과천시 막계동
서울시 과학교육원 탐구학습관   311-1266   중구 회현동 남산
서울 어린이대공원 동물원   457-9381   광진구 능동
서울 어린이대공원 식물원   450-9365   광진구 능동
여의도 공원   761-4078   영등포구 여의도
용산 공원   792-5661   용산구 용산동
창경궁 식물원   762-4868   종로구 와룡동 창경궁
홍릉수목원   961-2651   동대문구 청량2동

서울 외 지역

광릉수목원   031)540-1030   경기도 포천시
강원도립 화목원   033)243-6012   강원도 춘천시 사농동
경상남도 수목원   055)750-6345   경남 진주시 이반성면
내연산 수목원   054)262-6110   경북 포항시 북구
미동산 수목원   043)220-5581   충북 청원군 미원면
완도 수목원   061)552-1544   전남 완도군 군외면
전북 대아수목원   063)243-1951   전북 완주군 동상면

충남 금강수목원   041)850-2661   충남 공주시 반포면

광주 우치동물원(패밀리랜드)   062)571-0843   광주시 북구 생용동
달성공원 동물원   053)554-7908   대구시 중구 달성동
대전 동물원   042)580-4820   대전시 중구 사정동
마산 돝섬 해상동물원   055)242-7211   경남 마산시 월영동
부산 성지곡 동물원   051)804-2129   부산시 부산진구 초읍동
전주 동물원   063)254-1426   전북 전주시 덕진동
춘천 육림공원 동물원   033)252-7226   강원도 춘천시 사농동
한림공원 아열대식물원   064)796-0001   제주도 북제주군 한림읍

어린이 도서관

서울

사직 어린이 도서관   02)722-1379   종로구 사직동
가양)인표 어린이 도서관   2668-9814   강서구 가양동 가양 7 종합사회복지관
구로)인표 어린이 도서관   852-0525   구로구 구로3동 구로 종합사회복지관
북부)인표 어린이 도서관   938-8576   노원구 상계1동 북부 종합사회복지관
월곡)인표 어린이 도서관   916-9194   성북구 하월곡1동 생명의전화 종합사회복지관

서울 외 지역

인천)인표 어린이 도서관   032)529-8609   인천시 북구 삼산동 삼산 종합사회복지관
태백)인표 어린이 도서관   033)553-3454   강원도 태백시 황지1동 황지교회
대전)인표 어린이 도서관   042)623-9589   대전시 대덕구 법동 중리 종합사회복지관

청주)인표 어린이 도서관　043)288-1428　충북 청주시 수곡동 산남 종합사회복지관
전주)인표 어린이 도서관　063)287-6417　전북 전주시 완산구 동완산동 전주 시립도서관
광주)인표 어린이 도서관　062)264-5308　광주시 북구 오치동 광주 종합사회복지관
진도)인표 어린이 도서관　061)544-2018　전남 진도군 진도읍 진도 초등 학교
대구)인표 어린이 도서관　053)634-7230　대구시 달서구 월성동 학산 종합사회복지관
연제)인표 어린이 도서관　051)863-8360　부산시 연제구 연산3동 연제구 종합사회복지관
장선)인표 어린이 도서관　051)336-7007　부산시 북구 구포3동 장선 종합사회복지관

어린이 작은 도서관

서울

꿈틀 도서관　243-2315　동대문구 전농3동
노원 어린이 도서관　933-7145　노원구 중계4동
느티나무 도서관　3298-0918　중구 신당동
두껍아두껍아 도서관　011)784-6453　영등포구 당산동
몽당연필 도서관　2615-4146　구로구 궁동
민들레 도서방　8986-858　금천구 가산종합사회복지관
우리마을 꿈터 도서관　326-1805　마포구 서교동
책이랑놀자 도서관　903-6604　강북구 수유3동

서울 외 지역

인천)한길 도서관　032)582-6083　인천시 서구 신현동
인천)부일 도서관　032)528-9209　인천시 부평구 부개1동
경기 고양)강아지똥 도서관　031)975-0182　경기도 고양시 일산구

경기 평택)고궁 도서관   031)668-6463   경기도 평택시 고덕면

경기 용인)느티나무 도서관   031)262-3494   경기도 용인시 풍덕천2동

경기 부천)동화기차 도서관   032)326-6923   경기도 부천시 원미구 상1동

경기 수원)슬기마을 도서관   031)298-7925   경기도 수원시 권선구 고색동

경기 안산)YMCA 책의기쁨 도서관   031)480-7399   경기도 안산시 고잔동

경기 시흥)우리마을 도서관   031)315-4482   경기도 시흥시 도창동

경기 의정부)좋은우리 도서관   031)840-2253   경기도 의정부시 신곡동

경기 성남)책이랑 도서관   031)732-7004   경기도 성남시 중원구 상대원1동

경기 파주)하얀초록 도서관   031)946-4212   경기도 파주시 금촌1동

강원 태백)철암 도서관   033)581-7701   강원도 태백시 철암동

충북 청원)들꽃방 도서관   043)235-5063   충북 청원군 강내면

대전)모퉁이 도서관   042)861-6296   대전시 유성구 전민동

충북 제천)제천 어린이 도서관   043)644-1215   충북 제천시 고암동

전남 순천)순천 어린이 도서관   061)749-4071   전남 순천시 해룡면

전북 정읍)꿈이 있는 도서관   063)531-5595   전북 정읍시 상동

경남 남해)초롱초롱 도서관   055)862-9759   경남 남해군 고현면

경남 창원)남산마을 도서관   055)282-9605   경남 창원시 가음동

경남 진해)진해 어린이 도서관   055)547-0098   경남 진해시 석동

부산)샘터 꿈의 도서관   051)628-6009   부산시 남구 대연3동

제주)설문대 도서관   064)749-0070   제주도 제주시 연동

*이 정보는 '어린이도서연구회' 홈페이지 www.childbook.org에 잘 나와 있습니다.

아이들 문제를 상담할 수 있는 곳

어린이도서연구회   02)3672-4447
원광 아동상담소   02)561-2082, 02)2699-5446
참교육을 위한 전국 학부모회   02)393-8900
한국글쓰기교육연구회   02)362-0152
한국성폭력상담소   02)338-2890
한국어린이보호재단   02)336-5242
한국여성민우회 가족과성 상담소   02)739-1366

어린이 책 전문 서점

서울
개포)초록공간   02)554-9973
구로)다우리 어린이   856-1242
방학)까치와 호랑이   3493-3103
상계)옛동무   3391-7321
송파)동화나라   3432-5978
신촌)초방   392-0277
중계)코코북   3392-3122
화곡)동화나라   2697-8461

경기도 · 인천
광명)동원   02)2625-9686

교하)꿈꾸는교실   031)949-1488
덕소)꿈꾸는아이   031)521-0753
분당)동화나라   031)712-6778
산본)밝은세상   031)396-1671
용인)오렌지동화나라   031)335-5556
인천)색종이   032)816-0065
인천)완두콩   032)521-9802
인천)책사랑방   032)562-1355
일산)동화나라   031)919-0518
장호원)초방   031)641-7544
중동)글서당   032)651-5465

평촌)동화나라   031)385-8529
평촌)북뉴스   031)422-2278

강원도
강릉)초방   033)652-4559

충청도 · 대전

공주)동화나라   041)858-1350
당진)동화나라   041)356-1428
대전)아라야   042)486-9810
대전)북랜드   042)537-1848
대전)어린이백화점   042)862-6111
대전 관저)어린이책방   042)542-8964
대전 둔산)어린이책방   042)486-8964
대전)정글북   042)626-9191
청주)서당   043)255-4539
청주)책나라   043)231-1758

전라도
광주)서당   062)526-0550

목포)동화마을   061)281-0114
전주)무지개어린이   063)282-5799

전주)초방   063)251-2889

경상도 · 대구 · 부산
김해)상상   055)321-0015
대구)개똥이   053)326-4587
대구)아이사랑   053)476-0556
대구)엄마랑나랑   053)742-9857
대구)책벌레   053)793-3347
대구)호세호치   053)629-7850
부산)곰곰이   051)702-0016
부산)책과 아이들   051)506-1488
부산)책마을아이들   051)753-8687
사천)동화마을   055)835-5153
영천)노벨   054)337-5010
울산)강아지똥   052)288-6948
진주)이솝   0591)752-3006
진해)책놀이터   055)551-1933

제주도
제주)곰솔   064)722-3020

*이 정보는 '어린이도서연구회'
홈페이지 www.childbook.org에 잘 나와 있습니다.

살아 있는 교육 9
첫 아이 학교 보내기

1994년 12월 31일 1판 1쇄 펴냄 | 1999년 1월 5일 개정판 1쇄 펴냄 | 2011년 2월 28일 개정판 13쇄 펴냄
| **글쓴이** 주순중 | **그린이** 박경진 | **펴낸이** 윤구병 | **편집** 김신철, 남우희, 신옥희 | **디자인** 유문숙 | **제작** 심준엽 | **홍보** 김누리 | **영업** 백봉현, 박꽃님, 안명선, 윤정하, 안중찬, 이옥한, 조병범, 최민용, 최정식 | **경영지원** 유이분, 전범준, 한선희 | **분해·제판** (주)아이·디피아 | **인쇄** (주)미르 인쇄 | **제본** (주)상지사 | **펴낸 곳** (주)도서출판 보리 | **출판 등록** 1991년 8월 6일 제 9-279호 | **주소** 경기도 파주시 교하읍 문발리 파주출판도시 498-11 우편 번호 413-756 | **전화** (031)955-3535 | **전송** (031)955-3533 | **홈페이지** www.boribook.com | **전자 우편** bori@boribook.com

ⓒ 주순중, 1999 | 이 책의 내용을 쓰고자 할 때는, 저작권자와 출판사의 허락을 받아야 합니다. | 잘못된 책은 바꾸어 드립니다. | 값 8,000원 | ISBN 89-85494-91-0 033700